JN068713

定本・言霊予知術

新装改訂版

～「ことだま占い」が未来をひらく～

言霊予知術宗家 難波双六

浪速社

定本・言霊予知術 新装改訂版

―「ことだま占い」が未来をひらく―

6 6 1 1 6 93 3
KOTODAMA YOCHIJUTSU
2 2 4 4 7 381 21

「言霊予知術」（ナンバースコープ）は、西洋の数意学「ニュメロロジー」と関連しており、その源流は数学者ピタゴラスの時代、古代ギリシャに遡る。

西洋の秘密結社フリーメーソンや薔薇十字（ばらじゅうじ）会などのテキストともなった「カバラ」や「ゲマトリア」が原典といえるだろうか。「言霊予知術」を読めば、個人の性格や適性だけでなく、それぞれの時代相や未来を垣間見ることができる。

わが国は古来、「言霊（ことだま）の幸（さき）はふ」国（柿本人麻呂）といわれ、とくに音声や表音文字に配慮してきた伝統をもつので、比較的なじみやすい「占い」の一つといえる。

仕事や人間関係はもちろん、日々の暮らしの改善に大いに役立てていただきたい。

はじめに

「太初（はじめ）に言（ことば）ありき、言は神とともにあり、言は神なりき。万（よろず）の物これによりて成り、成りたる物に一つとしてこれによらで成りたるはなし」。新約聖書ヨハネ伝（文語訳）の冒頭では、まず「言葉（ことば）」が創造の拠り所であることが示される。わが国に古くから伝承される「言霊（ことだま）」思想も、口から発せられた言葉が現実になると信じられてきたことから、口は慎むべきもの、不用意に言挙（ことあげ）（口に出すこと）すべきでないことを教えてきた。言葉、あるいは声音は、洋の東西を問わず、伝統的に重視されてきたのだ。

最近では、ヒィ（１）、フゥ（２）、ミィ（３）、ヨォ（４）と数を読む（数える）人は少なくなったが、ひと昔前までの日本では、日常的な、ありふれた行為であった。ヒトツあるいはヒィ（１）からトォあるいはタリ（１０）を一括りとする十進法で数えるのが、日本人の習慣であったのだ。

この数え方の原点となるのは、わが国で最も古いとされるヒフミ（一二三）祝詞（ノリト、ノット）と言われ伝承されているものであるが、ヒィは日（太陽）や火、フゥは風、ミィは水、ヨォは淤（よ）すなわち泥から地となる過程を示し、ギリシャ時代の四大（元素）とも共通している。たった一音の言葉にさえ、深い意味がこめられているのが「言霊」の特徴である。

さて、本書のタイトル「言霊予知術」は、言語の基本となる「音」を読み解くことで、未来を予知しようと企てるものである。五十音やアルファベット、数字などを媒体として、「言霊」の本質に迫る手掛りともなるだろう。言霊占い「ナンバースコープ」のテクニックの基本となる類推、連想能力を、さらに直観能力まで高めていただけるよう工夫している。

「ヒフミ」編では、本書の骨格をなす「言霊（ことだま）占い」（ナンバースコープ）の由来と「なぜ当たるのか」という根拠を、そして「イムナ」編では実際に活用するテクニックを、さらに「ミロク」編では応用のヒントを述べた。「ヤコト」編では改名による開運法を、さらに快適な暮らしを実現する環境テクノロジーについて「モモチ」編で追求した。そして最後、「テオス」において世界史の動向を予測した。

全編において、「数字」に象徴化されたイメージを読み解くトレーニングの一助になるよう配慮したが、テクニック重視の読者は、「イムナ」編から読みすすめても差し支えない。

『言霊予知術』は１９９２年の初版、９６年の改訂版『新版・言霊予知術』を経てようやく定本（２００３）となった。今回の『定本』二版（２０２１新装改訂版）では、すでに時代遅れとなったいくつかの事例を差し替えるとともに、人生の終末期を予測できる「ニュートラルポイント波動術」を収録した。１００歳も珍しくない長寿社会となったが、これに備え、高齢者およびその予備軍には心身の準備が求められているのではないだろうか。

ご愛読いただきたい。

定本・言霊予知術 新装改訂版　—　目　次

イムナ

ミロク

ヤコト

テオス

ヒフミ

●未来を決定する位置情報

人生という航海を乗り切り、無事に目的地へ到達するには、まず自分の位置（船位）について知らなければならない。

未来の自分の姿は「現在」の中に隠されている。現在の位置が分かれば、進むべき航路も定まってくる。人生において、最初の位置を決めるのは「誕生日」と「名前」であるが、「誕生日」と「名前」という基本的なデータから、未来へ通じる道標を見つけること。これが「言霊予知術」の目的である。あなた自身はもちろん、家族や友人、部下や同僚、結婚相手など身近な人間関係について理解、さらに未来を担う赤ちゃんの名づけや企業名、商品名を決める際にも役立つだろう。

誕生日や名前を分析することで、だれでも手軽に自分や相手の性格を知ることができるし、未来に起こりそうな出来事について予測、大難を小難に変えることもできる。ダウジング（水脈や鉱脈の探知術）のように木の枝や振り子などを使って、また易で用いる筮竹などを使うことにより未来に関する情報を入手する方法もあるが、本書では情報源を誕生日と名前に絞りこんだ。

診断に必要なデータは名前の読みと生年月日だけ。全部でなくても、その一部、たとえば「姓」と、生まれた「日」だけでも分かれば、対象となる人の個性や欲求をある程度予知できるという便利なものである。従来の姓名判断とちがって「字画」は問題にしないので、ローマ字（ヘボン式）で名前さえ書ければ、だれでもかんたんに実行することができる。

●数字と縁起

特別に意識することもなく日常的に使われている「数字」であるが、古くは神聖なもの、神秘的なものとして扱われてきた。「直角三角形の斜辺の長さの二乗は、他の二辺の二乗の和に等しい」という定理で有名なピタゴラスも、数字には特別な関心を向け、天体の配置や音楽の構造が数学的な秩序をもっていることを発見した。

ピタゴラスは「あらゆる存在の本質は『数』であり、宇宙や人間や自然や音楽は、すべて数の法則にしたがう」と主張している。そして、「１」から「９」までの数字の配列により近未来に起こる現象を予知しようと試みた。これが数字占いの始まりといえるかもしれない。わが国にも「言霊」（ことだま）の伝統があり、さらに「数霊」（かずたま）や「色霊」（いろたま）が派生した。音声や数字には「霊が宿る」として特別な配慮がなされたようだ。

言語には人の行動や心理を支配するはたらきがあるが、さらに無形の「霊」にはたらいて特有の現象を励起するとも考えられた。したがって、言語の主要な部分をなす数字にも、運命を支配する要素が含まれていると推察される。電話番号や車のナンバープレートなど、人々が数字、あるいはその配列にこだわるのはそのためである。

たとえば、硬貨を製造する大阪造幣局の創立は明治４年４月４日で、改築したのも昭和４年と「４」という数字にこだわっている。このことから「４」という数字が金属や財運に関係していることがわかるのだが、数字にはそれぞれ隠された意味があり、古代の哲学者や神秘学者たちはその解釈に挑んできた。そして、数字の並びや音韻などから未来を知る方法を編み出したのだ。その方法は、ヨーロッパの地中海地方に限らず、中国や日本にも広く普及していた。

●言霊と「宇宙卵」

万葉集にも歌われ、わが国に古くから伝承している「言霊（ことだま）」は、音声によって発現する霊力や呪縛力を示してきた。

「言霊」は「事霊」と表記されることもある。「言」は「音」、「事」は「象」（かたち）を表すが、もともとは同じものだったのかもしれない。「音」と「現象」は同時的に発生するからだが、「象」はやがて「文字」となった。「文字」の発声には「音」をともなうから、「五十音図」を「音符」とみなすこともできる。

「言霊」が作用すれば、言ったことや書いたことが現実になると伝承されるが、善（よ）いことであれ悪いことであれ、「文字」や「声」が目に見える形（象）となって出現するから恐れられもした。たとえば、重病人に対して「顔色がよくなったね！」と声をかければ、ほんとうに血色がよくなってくるものだ。しかし、逆の場合もあり、「言わずもがな」である。

ところで、宇宙の始まりは、まず「卵」があって、そこに文字が表れ、さらに生物が出現したという伝承が、アフリカのドゴン族のあいだに存在している。今日の多様な世界が、その卵に詰まっていたのだろう。文字には、宇宙をひらく力が潜在しているのかもしれない。

広大無辺の「宇宙」（あま）は、「天」（アメ、アマ）と同義。「雨」「海」の読みにも通じる。

数字にも、万物の根元となる数字がある。たとえば「一」だが、この文字だけで、イ、イチ、イツ、ヒィ、ヒト（ツ）、など多様な読みがある。

隼を「８８２３」（ハヤブサ）、いい夫婦を「１１２２」（イイフーフ）というように、数字の読みを組み合わせて「語呂合わせ」する習慣は、おそらく日本だけの特徴だと思われるが、これも言霊のなせる技（わざ）、あるいは派生テクニックといえるだろう。

数字の読みはもちろんだが、漢字の読み（音）も多様で、大阪地方の地名にも表れている。「放出」（はなてん）、「水走」（みずはい）、「十三」（じゅうそう）、「枚方」（ひらかた）、「瓜破」（うりわり）、「難波」（なんば）など、地元の人しか読めないような地名表記が少なくない。人名も同様で、古文書などから正しい発音を探り当てるには、それなりのテクニックが必要だ。

地名や人名表記における読みの多様化が進んだ背景には、弥生時代以降、さらに大和朝廷の拡大にともない海外からの人口増加に対応して発達した可能性もある。つまり個人（ひとりひとり）を識別するためであるが、「読み」（音）は同じでも異なる漢字が当てられたのである。地元の人がよそ者を識別するために、故意に読みにくい字をあて、地名として使った可能性もあろう。

●「言霊」占い・ナンバースコープの基本原理

さて、「言霊（ことだま）占い」こと「ナンバースコープ」は、「1」から「9」までの数字とその組み合わせにもとづいて人の性格を知り、また未来の運勢を予測する占いだ。数字は、「0」をべつとすればわずか9種類であるが、これは大昔からの自然現象の観察に由来する。つまり、自然界の現象は突き詰めれば九つのパターンに分類されるということだ。そのパターンを的確に読み取ることで、当面の状況判断はもちろん、それから先の成り行きについても予測することができる。これが「ナンバースコープ」のメリットだ。

自然界や人間社会で起こる現象には数字がつきもので、何か事件が起こった日や時刻は人々の記憶に長く残る。たとえば「9・11」（NYの航空機テロ）、「3・11」（東日本大震災）などだが、場所を特定する経度や緯度も数字で表現される。9種類（「0」を除く）の数字は、自然界や社会におけるあらゆる現象を集約、簡潔に表現する便利なものだ。

特定の数字からその意味やイメージを把握、日常生活に役立てようというのが「言霊占い」・ナンバースコープのねらいである。生年月日の数字はもちろん、人や事物の名称も、きめられた方法で数字におきかえて占うことができる。

この占いにより、来るべき未来について予知することができれば、心の準備をととのえ、前もって災難を避けることも不可能ではない。

●数字占いは世界的

数字による占いは、英語圏では「ニュメロロジー（numerology)」とよばれている。欧米やインド、中国、東南アジアなどでは多くの解説書が出版されており、日本でも「数秘術」とか「カバラ」などの名称で同様のものが紹介されている。

わが国には古来、数字に霊力をみとめる信仰形態があり、数字の扱いには伝統的に特別な配慮がなされてきた。もちろん、迷信や占いやとも大いに関連している。たとえば、「四二」という数字は病院ではタブーであり「九」もクルシムからいけない。しかし「八」は末広がりとして好まれる。「八」という数字には財運があるのか、香港や台湾では「８」並びの自動車ナンバーが高値で取り引きされたりする。

「九九（くく)」など和算の伝統をもつ日本の数学教育のレベルは、かつては世界一とも言われていた。一部の神社に残る絵馬の一種、「算額」で庶民が算術の腕を競い実力を磨いてきたという伝統も、すでに古墳時代から使われている大工の「サシガネ」も、日本人の「数字」に対する自信とこだわりの表れであろう。サシガネの表面には「無理数」が刻まれており、斜辺の長さから角度を知ることができるというのも驚きだ。

ところで、現在の算数教育に残る「九九」の原型は、すでにギリシャ時代に存在していたらしい。過去へ遡れば、数字や数字占いのルーツは、遥か地中海地方へ至る可能性もある。時と空間を超えて、“言霊の幸（さき）はふ国”日本へやってきたというわけだ。

●言霊とは何か

言霊（ことだま）の「言」とは「こと」、すなわち「口（くち)」を表すが、日本人は伝統的に「こえ」や「おと」を重視してきた民族である。表音文字であるヒラカナやカタカナを「五十音図」に体系化、また象形文字から発達した漢字にも多様な「読み」をあたえており、さらに心の動きに応じて文字を使い分けるなど、卓抜した言語文化は誇るべきものだ。

「言霊」は、万葉集にある「しきしまの、やまとの国は、事（言）霊の、たすくる国ぞ、まさきくあれよく」という山上憶良（やまのうえおくら）の歌に出現する。奈良時代、すでに「ことたま」といわれるものが存在していたのだろう。しかし、「言霊」の研究が盛んになるのは徳川時代の末期、全国の旧家に遺る国語「音韻学」の法則が再発見されてからのことである。

絵文字のような神代文字を伝承する古社もあり、言霊の研究は当時の国学界を賑わしたと想像されるが、カナ文字に残された形によって声音の意義を探ろうとしたのが「水穂伝」（みずほでん）を世に紹介した国学者、山口（杉庵）志道である。カナの形も声音も、自然界の基本的要素である「陰陽」の組み合わせから成立しているというのが杉庵の説。

いっぽう、九州の中村孝道は各地で伝承されていた「ますかがみ」という七十五声（五十音に濁音、半濁音を加えたもの）の音階表を基礎にして声の成分を分析した。さらに「声」を唇の音、喉の音、舌の音、歯の音、牙の音に分類して区別した。信濃の浊矢家の古文書のなかにも、これを「鏡の祓」として伝えるものがあったという。

中村孝道の説は望月幸智から大石凝真素美（おおいしごり・ますみ）にも流れ、大石凝は美濃の山本家に伝承されていた神算木（かなき）（金木）によって、この声を数理的に算出する方法を創案した。

そして明治三十八年にこれを「大日本言霊」として完成している。その流れは水野満年と水谷清に受け継がれ、水谷は「古事記大講」を著した。

望月幸智の流れは大石凝だけでなく五十嵐篤好もこれを受け、日本語文法の基礎をつくった。さらに斎藤襄吉が「国語の精神」として発展させ、「雅言声音考」の著者、鈴木朗、その流れを汲んだ富樫広陰、足代弘訓をへて堀秀成がついに「音義全書」として総合した。同書は、世界各国語との比較にまで筆を進めている。

つまり、「言霊」とは音声と文字の用法でもあった。したがって、言語の本質ともいえる「言霊」は、地球上のいたるところに発生、人類の歴史、文明の創造に貢献、人生の資質を高める文化の形成に大いに寄与してきたといえようか。

●言霊占いの方法論

わが国では文字（主に漢字）の画数をもとにした姓名判断は盛んであるが、「ことだま占い」すなわち「ナンバースコープ」はもっぱら「音」、つまり「読み」を基本としている。したがって漢字などの表意文字よりも表音文字を重視するのであるが、対象となる文字はカナでもよいが英語のアルファベットでもよい。英語のアルファベットは文字数が少ないし、日本語であればローマ字で表記できるのはもちろん、英語圏ならそのまま用いることができる。アルファベット２６文字には、それぞれ数字が与えられているので、これをもとにしてシンボルとなる数字を算出する。この数字から隠れた意味を探ろうというわけだ。字画（画数）にもとづく姓名判断のやり方とすこし似たところがある。

呼び名を数字に変換することで個人の運勢や未来についてさまざまなことがわかる

が、名づけはもちろん、ペンネームや商品名を考えるときにも役立つだろう。未婚の女性の場合は、改名後（結婚後）の運勢をシュミレーションすることもできる。

占いの方法は、まず名前をヘボン式のローマ字で書き、それぞれの文字を規則にしたがって数字に変換する。そしてそれらを合計して出てきた数字の意味を解釈すればよいのである。だれにもできるかんたんなものだが、数字に秘められた意味や背景に精通できるよう、占いの媒体となる数字やアルファベットの歴史について、次に概略をふれておくことにする。

●表音文字の歴史

コミュニケーションの手段としての数字は、もともと縄に結び目をつけて記憶の助けにしたものがルーツとされている。やがて絵文字になり、絵は符号化され、さらに音をあらわす符号として発展してきた。表音文字のアルファベットはもちろん、日本語の五十音も一字一音の「音符」である。

文字の源流をさかのぼれば、メソポタミアにいたスメル（シュメール）人の楔(くさび)形文字にたどり着く。それは四千年以上も前のことだが、その後、三千三百年ほど前には、すでにアルファベット化した楔形文字が出現していたようだ。

英語のアルファベットの字形は約二千五百年前、ラテン系の「ローマ字」から採り入れられた。子音と母音からなる文字の配列はフェニキア文字に近いといわれる。

英語アルファベットでは、ラテン語の「I」が「J」に分化したり、「U」と「V」があわさって「W」が加えられたり、「Y」と「Z」などギリシャ語固有の文字が残されているなど工夫のあとがみられる。

「C」のもつカ行の発音は「K」に代用された。さらに「C」の下部に直線を加えて、濁音の「G」が創作された。同様に「P」の下部に曲線を付して「R」がつくられた。さらにラテン語に多用される「Q」と「X」が加えられ、五つの母音も含め各民族の発音が一通り網羅、洗練されてきた。これが英語のアルファベット創作の過程である。

日本語におけるカタカナ創作の過程もこれと似たようなものかもしれない。日本人の「造語」「作字」の才は、事業所の名称や商品名を世界各国の言語や地名からたくみに採り入れることにも表れている。

●アルファベットとカタカナ

一字を一音として五十音図に整理されたカナは表音文字でローマ字表記を可能とし

ている。すべての音は母音または母音と子音の組み合わせで構成されており、発音上でも簡潔明瞭だ。しかし、日本語のカナとアルファベットが類似の起源をもつとは想像もしないだろう。

英文字アルファベットと日本語のカタカナには共通点が多数みとめられるが、たとえば、「ケ」とK、「ユ」とU、「フ」とV、「ア」とA、「イ」とI、「ル」とLは、音だけでなく、向きなどを考慮すれば文字の形も似ていることに気がつくはずだ。

形だけの類似を追えば「E」とヨ、「H」とエなどに拡大する。さらに、漢字の「日」（び）はアルファベットの「B」に似ており、発音も共通している。平仮名の「く」は、形と音に共通性があるので「C」の変形と類推される。

「造字」の原理というものは汎世界的な共通性をもつらしい。アルファベットの起源はフェニキア語であるが、これと関係のある言語はアラミア語、サペア語、ヘラス語の三つに大別される。

アラミア語はメソポタミアの高原地方アラムから出ており、紀元前七世紀頃からアジアのアラム地方の商用語となり、さらにバビロン朝廷の公用語ともなった。しかし、宗教上の原因で分裂、ヘブライ語やモンゴル語、アラビヤ語と分かれたという。アラミア語はその後、ゾロアスター教、ユダヤ教、キリスト教、仏教、回教など、五大宗教の用語として取り込まれ、それぞれの宗教活動にともない各地に伝播していったらしい。

古代ヘブライ文字も、フェニキア語と同じく、初期のアルファベット文字に属するものと考えられている。ヘブライ語のアルファベットは二十二文字からなり、日本語のように右から左へ書くのが原則だ。

ローマ字の起源ともいえるラテン語は、多島海（エーゲ海）の一島、エウベアのカルキスで使用されていたヘラス語から伝来、カルキアから南部イタリアにあったギリシャ人植民地に移植されている。この頃は、ギリシャの旧文字の筆記と同様、また日本語のように右から左へ読み書きするのが通常であった。

ギリシャ人がフェニキア人を地中海から駆逐して海上の主導権をとったのが紀元前八世紀。

小国家の統一にともないアルファベットの字数や配置は統一され、アルファベットそれぞれの文字に数値をもたせるという発想もしだいに一般化してきた。

海外貿易や思想の自由を重視するギリシャ人の歴史は、アルファベットという文字の発明と大いに関係がある。多島海地方の文明はイタリアの北方、ドナウ河流域からバルカン半島、そしてキプロスに到っている。つまり交易の版図（はんと）は海を中心として拡大した。そのため文字の統一は、不可欠の大事業であったのである。

●国号「日本」は「ジャパン」と読める

初期のアルファベットとカタカナにみられる類似性は、もとを正せば日本語とフェニキア語が同一の起源、つまりメソポタミア地方に発生し、共通の造語原理によって生まれ発達したという可能性を示唆している。

わが国の国号「日本」の起源もまた、はるか西域をふくむユーラシアまで版図を拡大して考察する必要があるだろう。

「日本」は、ジパンあるいはジポンと読むことができる。「日」という漢字には「ジツ」という音もあり「本」には「ポン」という音もあるからだ。したがって「日本」は「ジポン」→「ジパン」→「ジャパン」と音転する。日本語で使う漢字と英語の語彙（ごい）には、「読み」の多様性という点は共通性があるようだ。

「日（ひ）出（いづ）る国」日本は、太陽の出る「東」を意味する「日（アス、アサ）」の下に位置するため、アスカ（明日香）とかクサカ（日下）とも呼ばれていた。ペルーの首都「クスコ」や、巨大な地上絵で有名な「ナスカ」も「アスカ」と同根ではないだろうか。「クスコ」の音は「カスガ（春日）」にも通じる。太陽が昇る方角である「東（ひがし、あずま）」姓も日本では少なくない。

ところで、漢字の源をたどると、篆字（てんじ）、その前は卜字（ぼくじ）、さらに遡ると象形文字になることが指摘されている。メソポタミアの古代遺跡、ウルの大発掘を指導した英国人のレオナルド・ウーリー卿は、漢字はスメル（シュメール）の古代文字の影響をつよく受けていると主張している。

ウーリーは数々の古代遺跡発掘の成果により、スメル人の極東への移動を確信したという。スメル人、あるいはその一部がユーラシア（ヨーロッパとアジア大陸）の北部、樺太（サハリン）から、日本海あるいは朝鮮半島を経て日本列島へ移住した可能性はないのだろうか。日本海は大昔、両端が陸つづきの巨大な湖であったといわれている。約１３０００年前に小氷河期が終わり氷が溶けて湖になったらしいのだが、船があれば沿岸部の都市（まち）がつながり、交流は容易であったであろう。

日本にはきわめて洗練された象形文字（神代文字）が一部の神社などに現存しているが、カタカナの「カタ」は象形文字の象（カタ）であり、「カナ」とは神字（カムナ、カナ）のこと。自然界に遍在する神々のすがたを象（かたど）ったものといわれている。

つまり、象形文字から発達した「漢字」も、表音文字である「カタカナ」も、日本人の祖先となる同一の部族（民族）によって発明、時空を超えて伝承されてきた可能性は否定できない。

●文字と音声の神秘的作用

五十音に代表されるわが国の「言霊」の体系には、一つ、二つ、三つあるいは「ヒー、フー、ミー」と誦（よ）まれる「数霊」の伝統もふくまれる。

数をよむ（数える）ことで、呪い的な治療効果が生まれることも古くから知られていた。「加持祈祷」の秘伝とされる「十種神宝」（とくさのかむたから）や奈良・石上神宮に伝承される「一二三」（ひふみ）祝詞」奏上の目的は、病気を癒（いや）し、あるいは病魔を祓（はら）うことであった。

石上神宮の伝統を継ぐ石切（いしきり）神社（東大阪市）で行われる「加持」の作法も古い伝承に基づいているようだ。

西洋においても、アルファベットを用いた発声トレーニングで病気の治療を行なった記録があるので「言霊」あるいは「数霊」をみとめる信仰形態は汎世界的といえるだろう。仏教のお経（きょう）や神道の祝詞（のりと）のように、文字や数字を声にかえることで霊力を発現させようというのが「言霊」であるが、文字や数字には運命の型や未来を定める霊力が潜んでいると考えられる。

整数のあいだには規則的かつ普遍的な関係がみられるが、古代の哲学者たちは、ゼロを除く九個の数字に特別な意味をみとめ、それぞれの数字の形も神々の啓示によるものとみなしていた。ギリシャ時代の数学者であり偉大な哲学者でもあったピタゴラスは、鍛冶屋のハンマーの音が響くのを聞いてギリシャ音階の比例関係を発見した。ピタゴラスは、音を通じて宇宙が数学的な構造をもっていることに気づき、数学を学問として体系化したことでも知られる。

かつてヘレニズム文明には、それぞれの文字の発音を母音、閉鎖音、有声音の三種に分類する習慣があり、古代バビロニアではひとつひとつの文字にそれぞれ特定の数値を与えていた。さらに、数字のアルファベットを発声するときには、ある種の神秘的な作用が生みだされると信じられていたから、文字は、すなわち「音」でもあったのだ。

人間の「意識」がもつエネルギーが文字あるいは数字となり、さらに霊的な作用を発現する、というのが言霊（ことだま）の本質だ。意識の「意」を分解すれば「心」の「音」となるが、それは心臓の鼓動に発し、さらに「意識」となって「言語」を形成すると解釈してもさしつかえないだろう。

●名は体をあらわす

誕生日を起点として、わたしたちは個人として成長してゆく。わたしたちは生年月日に刻印された「型」を一生持ち続けるわけだが、名前も同じだ。名前は誕生日と同じくらいの影響力をもつが、そのことはあまり知られていない。死んでから名づけられる「戒名」（かいみょう）には、本名（ほんみょう）ほどの影響力はなさそうだが、芸名やペンネーム、社名などをかんがえるときは、ぜひ本書を参考にしていただきたい。

私たちは、生まれたらすぐに名前をつけられ、ほとんど一生涯、その名前で呼ばれつづける。昔は成長や地位に応じて名前が変わったが、現在は結婚による改姓、芸名やペンネームを使う場合はべつとして、次々と名前を変えることは少ない。夫婦別姓も増えている。

「名は体（たい）をあらわす」というが、名に体がともなわないと「名前負け」といわれることもある。名づけとは、名づけられる者をシンボライズして他者から識別する行為だが、名前に託された象徴（シンボル）には両親の願望や一族の証明（アイデンティティ）が隠されている。

ヨーロッパでは、キリストとかマリアという名前も珍しくないが、有名人や、あるいはだれでも知っている地名や名称にあやかって看板（商売）に利用する人も少なくない。

名前は「文字」よりも「読み」、つまり音声による呼び名の影響をつよく受けるため、「ことだま占い」すなわち「ナンバースコープ」は、字画による「姓名判断」とは異なり、発音を重視している。つまり、「音」は、運命を支配しているとかんがえられるからにほかならない。

●名前と本人の不一致は生命にもかかわる

日ごろ、わたしたちが呼んだり呼ばれたり、また書いたり書かれたりする名前。ありふれた行為だが、わたしは、自分の名前についてちょっと怖い体験をしたことがある。名前が自分の「生命」であり「分身」であることを再認識したわけだが、そのことをお話ししたい。

「バブル経済」といわれた１９９１年春、わたしはサラリーマンだったが、急病になった上司の代理としてとつぜん欧州へ旅行することになった。

スペインではそのころバルセロナオリンピックやセビリア万博を控え、航空機は連日満席の状態。そのため参加者名の変更はまず無理であった。

さて出発当日のことだ。大阪発成田行きの飛行機に搭乗し着席したまではよかったが、その飛行機は離陸しようと滑走路に入ったものの、いきなり立ち往生する始末。直後に非常ドアのトラブルが発見されたと機内放送があったのだが……。ようやく成田空港に到着して国際線への通路を移動中のときだ。乗ろうとしたエスカレーターが突然停止した。不気味だが、これも何かの予兆だったのだろう。

いよいよヨーロッパ行きの飛行機に搭乗して離陸、というときのこと。滑走路に爆発物の破片らしきものが発見されたという情報があり機内で二時間近くも待たされたのだ。トラブル続きの末、イギリスのヒースロー空港に到着したときは定刻をはるかに遅れ、すでに深夜、人影はまばらな時間帯となっていた。

さらに翌日。スペインのバルセロナ空港からマラガへ向かう便に予約ミスがあり、わたし一人が、スペイン国内であるにもかかわらず国際線を経由する別ルートで飛ぶ羽目になってしまった。さらに搭乗ゲートに入ってからのこと。突然その飛行機がフライトキャンセルとなった。通常はあり得ないことだが、クルーの一人が泥酔したためらしい。ゲートまで同行した通訳はすでに帰宅していたので連絡もとれず、わたしはひたすらその便が飛んでくれることを祈るしかなかった―。

このようなトラブルの連続に、なにか怪しい予感が消えなかったというのが正直なところだが、果たして災難は数日後の夕刻、南仏ニースの路上で起こったのだ。不意を突かれたというしかないが、ジプシーの集団により盗難に遭い、所持品を盗まれたのだ。

わたしは犯人の一人を捕まえようとして追跡したのはいいが、転倒して手首を骨折してしまった。警察へ被害届けを出してから、病院へ着いたときはすでに深夜。ただ当直の若い女医の診察を受け、これで厄逃れした、とひとまず安堵したことを憶えている。

さて、この一連のトラブルの原因を探ると、自分という「存在」（実体）と「名前」（分身）の不一致によるものであったと推察される。つまり、わたしという存在はあるのに、わたしの名前が欧州のどこにもなかった。飛行機の座席にも、ホテルにも……。

自分がいるのに名前がない。それは、生命を脅かすほど危険なことであった。最悪の場合は、外地で命を落とすこともあり得ただろう。名前とは、「存在」そのもの、つまり「生命体」である。わたしは実体験によって、「名前」が「生命」と等価であることを知ったのだ。

●数字は無意識のシンボルの表現

東洋の「易」や「占星術」にも造詣が深い心理学者C．G．ユング（１８７５―１９６１）は、数が「発見され考案されたものと考えれば、その神話的表現に見られるように、人間や動物の形をした神像の領域に属するものであり、同様に元型的なものなのである。～中略～ 数はそれぞれに個性をもっているところから、無意識の心的事象を現わす担い手であり、仲介者でありうる。そこでたとえば曼陀羅（まんだら）の構造が、数学的な構造を原理としたりするのである」、とその著書『空飛ぶ円盤』（松代洋一訳、朝日出版社）で述べている。

要するに、数はイメージと現実、「人間界と上方界」の橋渡しをするもの、また対立物間の「シンクロニシティ（共時性）」を仲介するものと解釈されている。「シンクロニシティ」とは「偶然の一致」ともいえる意味のある暗合のことで、心に思っていたことが、そのときに見たり聞いたりした出来事とシンクロ（同調）することである。

無意識の世界に内在していた「型」が、文字や音声を介して実在となるとき、言霊が成就する。その「型」には、無意識から表出する近未来の情報が含まれていると考えなければならない。

●ユダヤ教の神秘思想

１３世紀頃、スペイン在住のユダヤ教徒たちのあいだでは神秘思想の研究が活発におこなわれ、『ゾハール』（光輝の書）に集大成された。現存する「カバラ」（ヘブライ思想で神から啓示を受けたものという意味）関係の資料としては、比較的できのよいものとされている。

時代をやや遡ると、“ユダヤ人のプラトン”と呼ばれた「カバリスト」、哲学者であり詩人でもあったガビロールの著書『生命の泉』にたどり着く。ガビロールは、初期キリスト教神学者がおこなった古代ギリシャ哲学に加え、アラビヤ哲学やユダヤ哲学を導入した。

ガビロールは、知的世界から派生して創られた物質的世界は「九つ」に細分化することができ、それらは合わせて十の「セフィロト」（ヘブライ語の「セフィラ」より派生した言葉で、数とか範疇（はんちゅう）の意味をもち叡智的存在を示す）に該当するとしている。

「創造の書」には、「二十二の文字は基礎である。彼は音声によってそれを刻み、彼は空気によってそれを切りはなち、彼はそれを口の中にある五つの場所を通じて固定した」と書かれている。

言語を司る五つの場所とは、喉、歯、口、舌、唇のことで、文字によって象徴化され、発声される個々の音は、それぞれの性格にもとづいて分類された。「五大（ごだい）みな響きあり」と音宇宙の構造を看破した空海（くうかい）も、「地、水、火、風、空」あるいは「木、火、土、金、水」に分類される「五行」（ごぎょう）説を踏襲した。言語を織りなす音楽においても、「五音」は響きあっている。「五音音階」

（ペンタトニック）は、その好例であろう。

●「観音」とは「表音文字」のことか

ヘブライ語のアルファベット２２文字には、それぞれ数値が与えられている。その数値に隠された意味を探るという手法は、すでに紀元前2世紀末、アレキサンドリアの技術者で、気体装置などさまざまな発明をしたフィロンによって考察されていた。古代ギリシャ、ヘレニズム文明においても、同様の発想があったといわれている。

西洋の「数占い」（ニュメロロジー）における「２２」は吉祥数、指導運をもつ数字とされているが、仏教を積極的に採り入れ大坂、難波津（なにわづ）に四天王寺を建立した聖徳太子の命日も「２２」日である。西洋の数理哲学に精通していたといわれる太子は2×2→4にもこだわっている。四天王寺の「4」、法隆寺の「法（のり）」もまた角張った「四」の象徴である。

太子ゆかりの法隆寺（奈良市）に伝わる「玉虫の厨子」には、最高機密に属するといわれる「仏典」が秘蔵されていたらしい。それが有名な「いろは歌」であったということ、そして、これを七音ごとに区切って最後の音を集めると「トカ（科）ナクテシ（死）ス」となることを、わたしは“ぽっくり寺”として有名な奈良・吉田寺の元住職から聞いたことがある。

そのときわたしは、「とが」（科、つまり罪）なくして十字架に磔（はりつけ）されたイエス・キリストの姿を連想したのだが……。

法隆寺・夢殿（ゆめどの）に眠る救世（くぜ）観音像や大阪・泉州の水間（みずま）観音寺に伝わる「推古仏」の表情には共通性が見られる。

ところで、観音とはいったい何か。

「観音」とは「音」を「観」（み）ると表記されるが、これを「表音文字」と解釈し、「イロハ」や「五十音図」を「観音」と見立てるのは、突飛な発想であろうか。

梵（ぼん）字とか、アルファベットなど、いわゆる「表音文字」が「観音」とすれば、二十二のちょうど半分、「十一面観音」像にも、何か象徴的な意味が隠されているにちがいない。

新約聖書ヨハネ伝の冒頭に、「太初（はじめ）にことばあり、ことばは神とともにあり、万（よろづ）の物これによりて成り、成りたる物一つとしてこれによらで成りたるはなし」とある。さらに「ヨハネの黙示録」には、「事すでに成れり、我はアルパなり、オメガなり、始めなり、終わりなり」とある。

世界は言葉に始まり、言葉に終わる—。

「いろは歌」を構成する四十八音は、語呂合わせで「四八音」（ヨハネ）とも読める。

東洋と西洋を結ぶキーワードは、数字のなかにも隠されているのだ。

●中世のカバラ思想とゲマトリア

文字に付された数値によって隠された象徴的意味を把握しようとする手法は、西洋哲学では「ゲマトリア」と呼ばれる。アルファベットを数値化して意味を読み取る「ゲマトリア」の手法が一般化したのは十二世紀頃。名前などの文字にあらわれた象徴的意味を探ることで占いや予知をおこなう通俗的「カバラ」の登場した時期である。場所は、カバラ神秘思想の盛んであったスペインでも南フランスでもなく、北方ドイツのユダヤ人居留地であった。

カバラ思想と数字占いは別物であるが、混同され同一視されることが少なくない。神秘思想をもつカバリストたちは、瞑想によってすべてのものの本質を相互関係において理解しようとする。そして瞑想内容をさらに発展、あるいは省略することで新たな連想を生みだそうとした。直観力を高めることが瞑想の目的であったから、通俗的な占いとは、もちろん一線を画していた。

カバラ思想は、目に見えない聖なる言葉が、しだいに物質的存在へと移行することにより創造行為がなしとげられたと考える。つまり、「はじめに言葉ありき」である。

ゲマトリアの開祖といわれる「フィロン」の研究によれば、「１」は創造神の数であり総ての数の基本となる。「２」は分裂の数で、「３」は聖なる存在との関連を示している。「４」は完全数「１０」の潜在的状態を示し情熱を秘めている。「５」は五感の鋭い感覚を、「６」は男性数（３）と女性数（２）の掛け合わされたもの。「７」は各種の特性を示し、「８」は立方体を表す。最後となる「９」は抗争の数である。

フィロンがおこなった数字のシンボリズムの研究は膨大で、ユダヤ教の教義というよりも、むしろギリシャ哲学からの影響をつよく受けている。さまざまな秘儀体系をもつユダヤ神秘思想の背景には、古代ギリシャの哲学、特にピタゴラス学派の影響がつよく認められるのだ。

ピタゴラスは、「１」から「４」までの数字の合計（1＋2＋3＋4）が「１０」になることに特に注目したという。１から１０までの数字の合計は「５５」で、5＋5→１０（１）となる。すなわち「１」は部分または全体を示すが、各数字には両義性が存在することも知っておくべきだろう。部分の集合体となる「５５」（１０）は、物理学的な基本単位ともなっている。

●天文現象と数字

人間は天体など自然界の循環現象を観察して暦（こよみ）をつくった。「こよみ」とは「日（か）よみ」のことで、日の出から日没までを一日として刻み、日の出の方角を観測することで年中行事を定めてきた。種まきなど農耕に役立てるためだ。

自然界に生起するさまざまな現象は、数字や数学的な手法で記述することができる。たとえば日本の暦には、七夕、八朔、十五夜、二百十日など、数字によって天文現象の特徴が多数記入されている。昼と夜、太陽と月（太陰）は、「陰」と「陽」の「二元論」ばかりでなく、デジタル技術に欠かせない「二進法」を生み出した。コンピュータを基盤として成立する今日の情報化時代は、「二進法」（「０」と「１」の組み合わせ）によるデジタル処理の加速によってもたらされた。「易」の「繫辞伝（けいじでん）」には、「一陰一陽する、これを道（タオ）という」とあり、道教の根本にも「陰陽二元論」があることが明らかである。

老子のことばに、「道は一を生じ、一は二を生じ、二は三を生じ、三は万物を生ず」とあるが、「道」（タオ）とは、天体の運行はもとよりあらゆる自然法則に数理をみとめることである。易占は、六十四卦の象をとおして進むべき道筋を明らかにしようとする技術であり、天意（自然界の意志）を探り、それにしたがうことを最善としている。

「易は象（かたち）なり」と指摘されるが、黄河から竜馬が背に負って出てきた図象といわれる「河図（かと）」や、洛水の亀が背に負って出てきた図象と伝わる「洛書（らくしょ）」も数理に基づいている。

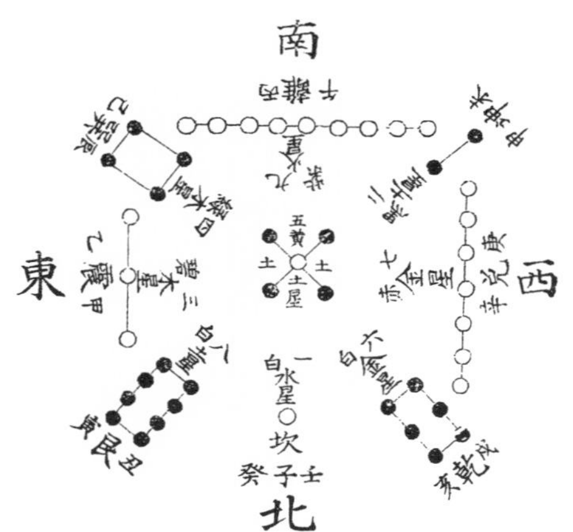

洛西の図（『日本社会事彙』明治23年刊より）

「河図」は八卦(はっけ)、「洛書」は今日では九星術などで盛んに使われている天地盤の配置と同一のものだ。「魔法陣」のように、縦、横、対角線の各数列の和が全て十五となっている。僧・空海が瞑想に用いた「金剛界曼荼羅」(こんごうかいまんだら)も九つに区切られているが、「天文遁甲」(てんもんとんこう)でも、九つの区画に天神を配し、最上の天神である太一(太極を神格化したもので、北極星と関連する)が、一年に一方ずつ、九年の間に八方と中央を巡行するものと規定されている。

九年毎に元の位置に戻る九星の各方位には、それぞれ一白、二黒、三碧……というように特定の色を配当している。持統女帝や天武帝は、この九星術に精通していたといわれている。為政者にとって、「占い」は欠かせない技術なのだ。

●ソロモンの七角形

西洋占星術で使われる図形の一つに「ソロモンの七角形」がある。木星、火星、土星、金星、水星の五惑星に太陽と月を加えた七つの天体を象徴したものだが、陰陽五行説と類似性があるので紹介しておこう。陰陽五行説では、木、火、土、金、水といった五つの要素(五行)をそれぞれ陰と陽に分けて(十干)占うが、「ソロモンの七角形」では太陽(陽)と月(陰)を五つの惑星と並列的に扱っている点が異なる。

「陽」(男性)の象徴とされる太陽(1)は女性的なはたらきをもつ天王星(4)を、「陰」の象徴とされる月(2)は男性的なはたらきをもつ冥王星(7)をともなっており、したがって、「ソロモンの七角形」では、「1」と「4」、「2」と「7」は、結合したものとして扱われている。

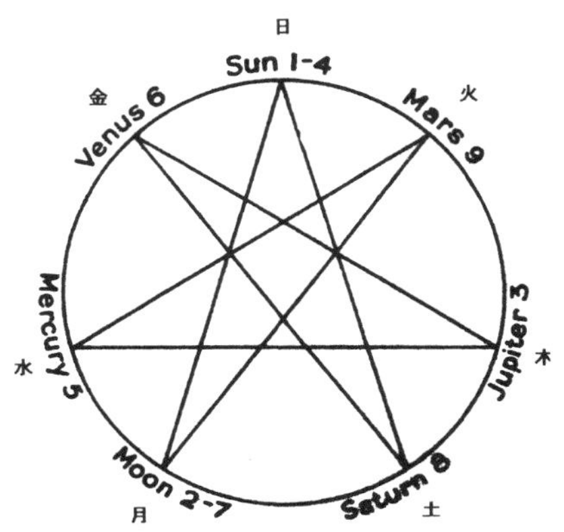

西洋占星術で使われる「ソロモンの七角形」

数字の循環は、一週間の曜日（七曜）にしたがい、日（1）→月（2）→火（9）→水（5）→木（3）→金（6）→土（8）となる。各数字は太陽と月、そして五つの惑星、すなわち火星、水星、木星、土星を象徴している。なお、天王星と冥王星が欠けているのは、これら二つの惑星は、ずっと後世になって発見されたからであろうか。

相性という視点では、「五行説」と同様、隣り合う二つの数字の組み合わせがよいとされる。つまり、8（土）—7（金）、7（金）—2（土）、2（土）—5（土）、5（土）—6（金）、6（金）—1（水）、1（水）—4（木）、4（木）—9（火）、9（火）—3（木）などだが、3（木）—8（土）の組み合わせだけは“木剋土”となり、「相生」から外れるが—。

●古代日本の占い技術フトマニ

わが国には古くから「フトマニ」（太占）といわれる占いが伝わっている。「フトマニ」は、御代替わりに行われる大嘗祭において天皇が食される稲の栽培地となる悠紀（ゆき）田、主基（すき）田制定の際に用いられる亀卜（きぼく）の原形にあたるもの。鹿の肩胛骨を抜いて波々迦（ははか）の木で灼き、その亀裂によって生じたヒビ割れ（町形といわれる）で吉凶を判定するというものだ。古くはイザナギ、イザナミがヒルコ（蛭子）、アワシマ（淡島）を生んだ（流産した）時この方法で神意を問うている。

鹿の骨のかわりに亀の甲を用いる亀卜（きぼく）は、対馬の岩佐家が、かつて防人（さきもり）としてその地に赴任して以来六十九代、連綿としてその伝統を現在にまで受け継いでいる（令和の大嘗祭では見送られた）。

ところで、最古の漢字は、大陸では殷（いん）の時代の遺跡から発見されており、それは「甲骨文字」といわれている。亀甲や牛骨に文字が書かれているのは、当時から卜占が行なわれていた証であろう。

遣唐副使、右大臣まで勤めた吉備真備が死の直前に漢訳した『神勅基兆伝神爾紀』、いわゆる「フトマニ」（太占）は、天照太神の神占書、そして太占図象は豊受大神の作と伝えられている。フトマニの卦（け）は合計百二十八個で、これは「周易」六十四卦のちょうど二倍。百二十八卦それぞれに歌がつけられており、歌の内容から天意を判断したものと推察されるが、『万葉集』も同様、占いに使われた可能性がある。

『万葉集』の時代からわが国は「言霊の幸（さき）はふ国」と言い習わされているが、「言葉」と「現象」は相通じるもの、すなわち一体のものとされ、むやみに言挙

(口に出すこと) することは伝統的に避けられてきたようだ。大自然のいとなみを写す言葉や数字が、「言霊」や「数霊」を媒介として現実化する—。つまり、口から出た言葉どおりの結果が生じるということだが、「言霊」は畏（おそ）るべきもの、口は慎むべきもの、として古くから日本人に伝承されてきた。

●インドの数字占いのルーツ

インドの数理学者、マニック・ジェインの書いた『誕生数占い（Birthday Numerology）』という本には「日本の天文秘術」という副題がついている。

ジェインは、誕生した時間や場所によって解釈の異なる西洋占星術に不便さを感じていたので、もっと単純で実用的な占いを求めてエジプト、アラビヤ、インドなどの古文献を読み漁（あさ）ったという。その末に日本の古文献に辿り着き、ようやく目的を果たしたと彼は序文に書いている。

該当する古文献については明らかでない。遥か昔に消えた可能性もある。ただ、わが国のシンプルな数字占いとして、思い当たるのは「九星術」である。これが昔、インド人によって再発見され、のちに「西洋ニュメロロジー」として体系化された可能性も否定できないだろう。

さて、幸運も非運も日ごと月ごとに循環し、運勢もまた変化する。

しかし、年月があらたまると数字の配列が変わるという「有り難さ」は、特筆に値する。

従来の年周期や月周期が断絶し、したがって数意もそこで変化を遂げる。「改暦」したら、まさにそのときから日ごと、月ごとに「波動」があらたまり、運勢もそれにともなって変化するというわけである。

コンピュータでいえば、ディスクの「初期化」にたとえられよう。年の始めを祝い、ついたちに赤飯を炊き、創立記念日などには紅白饅頭を配るというわが国の習わしは、新しいサイクルが始まれば過去の穢（けがれ）を清算できるという効果を認めていた。

昭和天皇の御代がわり（昭和６４年）においてもそうであったが、元号があらたまると多数の囚人に「恩赦（おんしゃ）」や「特赦（とくしゃ）」が与えられることもあるが、令和の御代替わりでは、地下鉄サリン事件にかかわった「オーム真理教」幹部の死刑が執行された。元年は「１」の数意をもつので、「刷新」により原点にもどり心身の再生をはかろうというのが「恩赦」の意図である。

数字の循環や断絶を積極的に生かそうという試みは、すでに神社の「祭り」、たとえば天皇の御代がわりに行なわれる大嘗祭（だいじょうさい）などにセットされている。

時の動きを数字でしめす「暦」やカレンダーは、未来に希望をつなぐ日常的な道具。大いに活用したいものだ。

●自然現象の数理性

ここで自然界における生命現象と数理について考えてみよう。

脈拍、呼吸、血圧、知能活動などの生物のリズムは、年月日という時間、つまり日周期、月周期、年周期などの地球物理学的リズムと密接に結びついている。

植物においては種まきから収穫までの段階をあらわす象（かたち）が文字となって「十干」（じっかん）と数えられているが、立春から大寒に至る二十四節気も季節の節目を特徴づけている。

人体の「バイオリズム」は、身体、感情、知性の周期をそれぞれ２３日、２８日、３３日でめぐる波動現象として捉えている。この三つのリズム曲線には、山（高調期）から谷（低調期）、あるいは谷から山に移る節目（転換期）があって、その日は事故や病気の発生が多いとされている。各周期の節目が重なる日にはとくに注意が必要だ。

人間の内臓はさまざまな宇宙のリズムに共振していることがわかっているが、誕生から死にいたる人生のドラマも、宇宙と同じく循環的な現象である。

卵子が受精してから出生するまでの期間は俗に「十月十日」といわれているが、「１０」は成就、完成の数意をもつと同時に、新しい段階への始まり（「１」）という意味もある。誕生した瞬間から人間としての第一歩を踏み出すので、「１０」は、「１」の数意も併せもっていると解釈される。

●数字には裏表（二面性）がある

ここで、数字にはかならず二面性があることをお伝えしたいと思う。たとえば「１」という数字は独立心や指導力を表しているが、「利己心」がつよく出ると人がはなれて「孤立」、また周囲の「空気感が読めない」といった傾向も生じる。「１」は「部分」であり、また「全体」をも表している。

一つの数字には「二面性」があり、見方や見え方によっては正反対の印象を与える。「表裏一体」の、つまり相反する傾向をもつ二つの意味が同居していることも知っておくべきだろう。「1位」は常に「追われる」立場にあり、ともすれば孤立して行き場を見失うことがあるかもしれない。前だけ見ていれば無難に過ごせるのが「二番手」のメリットだが、やがて「首位」が入れ替わる時期が到来することもあることを見越しておくべきだろう。

「１」と「２」は常にせめぎあっており、「二者択一」といわれるように、採用されるのは「どちらか」ひとつで、「どちらも」という選択肢はない。確率は５０％（半々）で一定である。

「２」あるいは「１１」（1＋1）には「くっつく」とか「離れる」とかいった相反する数意が内在している。したがって、コントロールは難しいが、克服すれば、強烈な結果を約束する数字となるのは確実だ。

活発で「三々五々」というように人が集まる象意をもつのが数字の「３」。「三者三様」ともいうが、「３」には多様性がみとめられる。「１」にも「２」にも縛られない自由闊達な数字だから、「表現」や「コミュニケーション」活動には適性があるようだ。しかし他者に気を遣うあまり決断力に欠け、組織の行くべき方向を見失うこともある。せっかくの配慮が「散漫」にならぬよう注意が必要。先輩のことばに耳を傾け、概ね「三位一体」を旨とするのが賢明だろう。

「四の字がため」というプロレスの技があるが、「４」という数字には動かしがたい「堅固さ」が内在している。「トリオ」の解散は早いが、『ベンチャーズ』や『ダークダックス』のように「四人組」は長続きするようだ。スポーツマンにはこの数字をもつ人が多く、からだは頑丈だ。堅固な「四角四面」は容易に崩れない。しかし、いったん亀裂が入ると「八つ裂き」や「破れかぶれ」となり意外に脆くなる。無理はきくが、過信は禁物である。

●変化を隠せない「5」、美意識の「6」……

「５」は変化を好む数字。好奇心に富んでいるので、旅行業や接客業に向いている。「五里霧中」でもチャレンジする気概は旺盛、ただし隠し事があれば必ずバレる運命にあるので、衝動が抑えられなければ「ゴワサン」になることも覚悟しておきたい。

水晶の六角形が象徴するように、「６」は「宝石」、「美」とかかわりが深い。「睦（むつ）まじさ」「夢中」をとりもつ数字であるが、「無理」は禁物。「調和」を大切にしたい。

幸運の数字「７」は、いわゆる「ラッキーセブン」。スロットマシンで「７７７」となれば大当たりだが、スッテンテンになって「挫折」する可能性もある。「７」は「ターニングポイント」、「革新」の数字であることを確認しておきたい。

「出雲（いづも）八重垣（やえがき）　つまごみに　八重垣つくる　この八重垣を」。日本最古の和歌に現れる「８」（八）は、「末広がり」として好まれるが、「大八洲（おおやしま）」「八坂（やさか）神社」「弥栄（いやさか）」……と多用される「８」（ヤ）は、一説によると原始ユダヤ教の神「ヤハウェ」を表しているという。「八幡

(ヤハタ)」も同根の可能性があるが、「八百万(やおよろず)」の神々も、もともとは一神教の神であったが、機能や効験が分かれたのかもしれない。「1(いち)」か「8(ばち)」か、「どちらか」というよりは「裏も表も併せ持つ」といった解釈が成立するかもしれない。

「九九(くく)」は陽数「9」の極みである。9月9日を「重陽の節句」として祝うのは、「括(くく)り」の意味もあるのだろう。つまり「総括」である。「総括」で生きながらえるか、あるいは……。運命の分かれ道でも「激しさ」を内在しているのが特徴だ。

●根本数「5」

天と地のあいだには人がいる。人は自然界の不思議に触れて、宇宙万物を構成する元素や法則を発見した。そして、いくつかの象徴的なパターンを案出した。数字も文字もその産物である。

弘法大師・空海は「五大(ごだい)みな響(ひびき)あり」と天球の音楽的構成を看破しているが、ピタゴラスはギリシャ時代、すでに音の組み合わせによる比例構造について論及している。仏教における「五大」とは地(ち)、水(すい)、火(か)、風(ふう)、空(くう)のことで、宇宙の根本的要素のことだ。墓地における「五輪塔」の構造がこれを象徴している。気学でいう「五気」とは木、火、土、金、水のこと。モッ・カ・ド・ゴン・スイと読めば覚えやすい。いずれも宇宙の諸現象を五つに分類、象徴化している。

「気」とは、目には見えないが、確実に存在するエネルギーのことである。「気体」は「液体」や「固体」に姿を変えることもある。地球が五気の集積体であり、地球上のさまざまな変化、現象は五気のエネルギーによってもたらされるとするならば、五臓(肝臓、心臓、脾臓、肺臓、腎臓)や五体(手足と胴体)、五指なども五気のなせる技といえるかもしれない。

易の「陰陽五行説」では、五気にはそれぞれ陰と陽の気が内在するとみられている。「木、火、土、金、水」のそれぞれを陰陽に分け、たとえば「木」の「陽」を「甲(きのえ=木の兄)」、「陰」を「乙(きのと=木の弟)」と兄弟に準(なぞらえ)て、十干としている。

姓名判断は、名前があらわす諸現象や影響について把握するためのものだが、判断材料として字画や音韻、五気などで解釈する。名前や数字が影響力をもつのは、文字に象徴される「音」あるいは「読み」にエネルギーが含まれているからだ。

●変身の数字「７」

自然界の周期的な変化は、私たちの歯にも刻印されている。歯の染色標本を観察すると、昼と夜のリズムが、ちょうど木材の年輪のように濃淡の縞模様(しまもよう)になっているのがわかるらしい。人間だけでなく、どんな動物でも硬質の組織には七つ目ごとに濃い縞があらわれるというのだ。虹も七色、音階も七音で構成されているが、地球の生物のからだには、「７」を一単位として何か神秘的な作用がはたらいている可能性がある。病気もだいたい「７」の半分、３日半（3.5日）後に状態が変化して本復に向かう。もちろん、この逆のケースもあるがー。人が死ねば７日ごとに回向し７週間で仕上げとなるのも、「７」の数意がターニングポイントとされる所以である。わたしたちの日常も「一週間」をひと区切りとして活動している。

人間のからだの営みは、「７」を１サイクル（１周期）として極限状態をむかえ、ここで脱皮、変身して次の段階へ進む。７日目に安息日が設けられる七曜（１週間）は、変化の節目にからだをいたわるという意味でも理にかなっているのである。

アポロ宇宙船が月面に着陸、オルドリン宇宙飛行士が初めて月の土を踏んだのは１９６９年7月のことであった。

人類のターニングポイントともいえるこの出来事にも「７」がかかわっている。

アポロ１１号が打ち上げられたのは１９６９年7月１６日で、年月日いずれも根数が「７」となる。根数とは、１＋９＋６＋９→２５、さらに２＋５→７、１＋６→７というように足し上げて一桁の数字（単数）にしたもの。こうすれば、アポロ１１号の打ち上げは、スロットマシンの大当たりのように、「７・７・７」となる。まさに人類の大変身を予期したかのようなタイミングである。

月面に立つ宇宙飛行士（NASA72-H-600）

●秘数「９」

「ココノツ（九つ）」という単語は、ギリシャ神話におけるアポロンの使い「キクノス」が語源（木村鷹太郎著「日本太古史」）という説がある。ギリシャ文化の保持者であったビュザンティオン人も文字がもつ数値にこだわり、「アーメン」と文字で書くかわりに「９９」（くく）をあらわす数字で書いたと伝えられている。アルファベットで書かれた文字「アーメン」を、ゲマトリアの手法で数値化すると「９９」になったのであろう。「９」はククリ（括り）の「ク」ともされ、陽数の極みである「９」の重ねとなる９月９日、すなわち重陽（ちょうよう）の節句における「菊（キク)」の花との語呂合わせにもなっている。因みに「９」は至高性、宇宙をあらわす神聖な数字とされた。

ところで世界の形状の基本は円とされるが、地球はもちろん太陽や月、また数多くの惑星も円く球状だ。多分、宇宙も巨大な球に収まっているのではないだろうか。数字の「９」も「球」に通じる。ゲマトリアでは、「９」には「宇宙」という意味もある。

ところで、迫害皇帝として不名誉な名を残した暴君「ネロ」の文字を数値化すると、なんと「６６６」（６×３→18、１＋８→９）になるという。

ネロから迫害を受けた当時のキリスト教徒たちは「ゲマトリア」に凝っていた。「６６６」の数字は「獣の数字」として恐れられているが、かれらが受けた忌（いま）わしい事件を記憶し後世に伝えるため、この数字を特別視したことは間違いない。「６６６」には、ネロ皇帝への怨念がこもっているのである。数字は生き証人として人々の記憶に蓄積される。

とくに西洋人は、事件を風化させず現世はもちろん来世にたいしても、つまり子子（しし）孫孫（そんそん）の記憶にとどめるために数字を利用する傾向がつよい。

姓名判断のルーツの一つ「ゲマトリア」は、事物や人名表記に使われるアルファベットを数値化し、これを合計した数字を一桁の根数にして数意を判断する。古代ギリシャ語やヘブル語では「文字」と「数字」は同じものと認識されており、文字（声音）にはそれぞれ特定の数値が与えられていた。

名前は、音声の響きでありリズムであると同時に数学的なものだ、と古代の神秘主義者たちは考えていた。秘密結社「フリーメィソン」の神秘思想は、幾何学だけでなく、音楽や絵画にもつよい影響を与えている。

たとえば作曲家、モーツァルトもオカルトに傾倒し、「フリーメィソンのための音楽」や神秘性のつよい歌劇「魔笛」などを作曲している。大バッハも秘密結社「薔薇（ばら）十字会」に所属、文字と数字に凝っていたことがわかっている。

●「九想観」にみる数字のサイクル

古代のチベット密教は、「変化こそ自然界の実相」であることを見抜き、森羅万象の根源を「数」に求めた形跡もある。

仏教では俗に八万四千の法門といわれるほどの多くの教典が伝えられているが、原始仏教の教典「増一阿含教」の第六は「生老病死は世の常法なり」と説いている。

「生老病死」の四苦は、時代を超え、洋の東西を越えて人間の本質に迫っているが、この根源的な不安について仏教は、「九想観（くそうかん）」といわれる最も凄まじい内容をもつ瞑想法により正面から取り組んでいる。

「九想観」とは、人間の屍（しかばね）が腐敗し白骨化していく過程を九相に区分し、それぞれの相（すがた）を凝視することによって執着から離れようとする瞑想法である。

その過程を要約すれば、まず呼吸が止まり（1）、死んで身体が冷たくなり（2）、野ざらしになって屍は次第に膨脹（3）、青黒く変色し（4）、血肉は土壌に崩れ（5）、鳥や獣が眼をついばみ内蔵を食らい（6）、手足の骨は分離（7）、白骨と化し（8）分散して大地に還る（9）……というものだ。ここでも、循環する九つのパターンが出現する。

金剛界曼陀羅（こんごうかいまんだら）の外形は枡目のように整然と九つに区分されているが、「九」を一サイクルとして螺旋（らせん）状に生成流転（せいせいるてん）するのが生命界の実相なのであろうか。それとも輪廻転生（りんねてんしょう）を繰り返し、「九」（く、苦）を越えたところに極楽浄土が存在するのか。悟りの極位とされる成身会（じょうしんえ）は、胎蔵界曼陀羅（たいぞうかいまんだら）の中央に位置しており、渦の中心となっているのが注目される。

●ヒフミ祝詞の先進性

量の多少、大小や順序をあらわす数字は、手や足の指の数を読むことから始まった。

数字の起源をさかのぼっていくと、日本では神社において奏上される祝詞（のりと）にその原型をみることができる。祝詞とは神主が唱えるお祈りの言葉であるが、奈良・石上（いそのかみ）神宮に古くから伝わる祝詞のひとつに、一二三四五六七八九十百千万（ヒフミヨイムナヤコトモチヨロズ）と数を詠（よ）んだものが存在している。

天照大神（アマテラスオオミカミ）が天（あま）の岩戸にお隠れになったとき、祭司のアメノコヤネが、岩戸から神様を呼び出すために唱えたのがこの祝詞の起こりとも伝えられている。

「ヒフミ……」と数をよみ、「フルベユラユラ」と呪文のように繰り返す「一二三(ひふみ)」祝詞の効用は、「神気が通じ」るためか症状が和らぐことである。「イタイノ、イタイノ、トンデケー」も同根であろう。

フルベとは「震へ（ふるえ)」のことで、ユラユラは「揺れる」ことだ。数をよむとき、ひー、ふー、みー、と無意識に発声するのも、神様を呼び出してその霊験にあやかろうとするまじないだろう。

なお、ヒフミ祝詞で注目すべきことは、十（１０)、百（１００)、千（１０００）と位取りが明瞭に現われて「０」の数が１、２、３、４、と等差数列になっていることだ。底辺から逆に並べると、ちょうどピラミッド型になる。世界最古の「0」（ゼロ）記号は、六世紀頃インドで発見されたといわれているが、この祝詞の起源は、時代をもっと遡（さかのぼ）る可能性がある。

●個体発生と数字について

植物の一生は、種子から発芽を経て結実、落葉にいたるまでの成長・消長の過程である。ヘッケルの進化論は「個体発生は系統発生を繰り返す」としているが、たとえば人間では、一個の受精卵が胎内の羊水のなかで魚類や両生類の段階を経て脊椎動物に至るまでの過程を再現する。誕生して体外へ出たあとは肺呼吸に移行、やがて四つ足歩行から直立、二足歩行を経て一人前になるまで、すべての先祖の姿をコピーしているとかんがえられる。

人間の一生は誕生日をもって開始するというのが通念。しかし、受胎の一瞬において、ヒトの一生はすでに始まっているといえよう。卵子から受精卵へ、そして胚児、胎児へと成長してゆく過程はまさに神秘の営みである。胎児は、受胎の日から約一ケ月目に古代魚類の容貌をあらわす。そして次の一週間くらいのあいだに魚類、両生類、原始爬虫類、原始哺乳類と慌ただしく変身をとげる。胎内では人類の進化のドラマが休みなく展開されているのだが、人間の赤ん坊らしい容貌になるのは受胎してから三ケ月頃という。

ニワトリの卵は、親鳥が温めはじめてから四日目に衰弱して生命の危機を迎える、ということが養鶏業者のあいだでは常識になっている。妊婦も四ケ月までは油断できないが、五ケ月目に入れば安定するといわれている。「帯びかけ」の儀式もこの時期にあたり、危機を乗り越えればひと安心というわけだ。

さて、受胎した瞬間から九ケ月あまりを人間は母親の胎内で過ごすことになるが、出生後もこの九ケ月を一周期として繰り返すというのが、九進法を基本とする数字占いの考え方である。九つの数字のそれぞれには、誕生と成長、そして死にいたる進化のドラマが隠されている。

一に始まり九で完結するまでを一周期とする括（くく）り方は、たとえばベートーベンの交響曲が「第九」で完結されているのも無関係とはいえない。この楽曲は、年末に演奏されることが多いが、プロ野球も、同点でない限り九回の表裏で試合終了となる。

●受胎月の秘義

誕生日というのは、胎内の羊水を出て暗黒の産道を通り、肺呼吸を始める一生一代の記念特筆すべき出来事である。しかし、誕生日にはからだが弱ることが知られている。母体から離れて初めて大気を吸う（肺呼吸）という大きな出来事に、大量のエネルギーを消費するからである。だから、年一回の誕生日にはそのことを想い、朗らかに過ごすことだ。誕生日には家族や友人たちが集まって、労（いたわ）りの気持ちでお祝いしよう。

自分の誕生日を、新規事業のスタートの日に設定する人がいるが、これはあまりおすすめできない。事業を始める計画があれば、誕生日よりも「受胎日」、あるいは「受胎月」に設定したほうがよい結果を生むだろう。受精した直後のエネルギーが最も高いということが分かっているのだから、これを利用するにこしたことはない。物を購入するにも適当な時期である。受胎月に手に入れた物品は身から離れることが少ない。

受胎した月の計算方法は、とりあえず出生月に「３」を加えるだけ、と至ってかんたんだ。一月生まれなら、１＋３＝４で四月、二月生まれであれば、２＋３＝５で五月ということになる。

受胎日は、出生した日より二～三ケ月さかのぼったところにに存在しているのであるが、今日ではほとんどの病院で出産日のコントロールが行なわれており、正確な受胎日を知ることが難しい。

通常、妊娠すれば「最終生理日」をもとに出産予定日を計算するが、生理が２８～３０日周期の場合、受精日の２週間前が最終生理日となり、これが妊娠１か月０週目０日目となる。

とにかく、事業の開始や資産の購入には、受胎月を積極的に活用すればよいのである。

●数字の解読が占いの決め手

東洋で発達した易学では、数字には「陰」と「陽」、あるいは「裏」と「表」の二面性があるとされている。同じ数字でありながら、時と場合によって正反対の性質を表すのはそのためだ。

おおむね奇数は「陽」、偶数は「陰」の性質をもっているが、易では「陰」の中に「陽」が、「陽」の中には「陰」が内在していると考える。「陰」が極まると「陽」に、「陽」が極まると「陰」に転じるのが常で、たとえば太陽のエネルギーが最も強くなる「夏至」が陽の極み、反対に「冬至」は陰の極みとなるが、いずれもこれを境として陰陽が逆転するというのが暦のきまりだ。毎日の暦に配当される「九星」も、冬至前後の「甲子」の日を「一白」（水の極み）として「二黒」「三碧」……と昇り、夏至前後の「甲子」の日を「九紫」（火の極み）として「八白」「七赤」……と降る。

数字にはそれぞれ象徴化された意味、特性があり、そこから個人や会社の運命を読み取ることができる。「１」から「９」までの数字がもつ意味の解釈には世界的な共通性があるが、日本にも古来、数の理（ことわり）について伝承されている。参考までに、１から１０まで１０種類の数字の“言霊”的な解釈について整理しておきたい。

「１」………始まり　（吉）
「２」………どうして　（凶）
「３」………世話ごと　（納）
「４」………喜び　（吉）
「５」………動かす　（吉）
「６」………安堵　（吉）
「７」………弱まる　（凶）
「８」………手入れ　（納）
「９」………満開　（吉）
「10」………しおれる　（凶）

なお、最終となる数字の「１０」は「１」の数意を併せ持つ。「終わり」は「始まり」の気運を内在しているからである。

●数意の解釈について

「言霊占い」ナンバースコープは「１」から「９」までの数字に象徴される意味を読み取る技術である。九種類の数字にしめされる意味と循環の原理を知っておけば、自分の性格や運勢について理解を深めることができるだけでなく、身に迫る危険をあらかじめ予知することもできる。さらに過去の出来事についても反省する材料を与えてくれるだろう。

ここでは各数字に象徴化された意味、つまり数意として含まれる要素をまとめて列挙しておきたい。○印は数字のよい面が出た場合、●印はわるい面が出た場合の特徴を示している。

「1」…精神、独立、意志、開始、言語、一切、野心、拡大、専制
○冷静な判断、社交性　●強情、謀略、執念深い

「2」…感情、妥協、動揺、不断、賢明、自愛、陰気、忍耐、従属
○慎重、奉仕的、信仰心　●不明瞭、こだわり、ひねくれ

「3」…意識、想像、表現、知性、理解、情熱、急進、快楽、散漫
○明朗、鋭い感覚　●軽率、過信、でしゃばり

「4」…身体、形式、論理、頑健、困苦、挫折、耐久、対立、矛盾
○几帳面、信用、建設　●自分勝手、優柔不断、亀裂

「5」…五感、変化、自由、好奇、才知、大胆、行動、論争、暴露
○意志強固、器用、計算　●欲望的、耽溺、腐敗

「6」…識別、均衡、調和、家庭、平安、嫉妬、反撥、耽美、猜疑
○ロマン性、政治力　●競争意識、異性への妄想、理想倒れ

「7」…権威、理性、完結、勝利、果断、孤立、混乱、体面、犠牲
○独創性、直感力、金儲け　●ケチ、庇理屈、破産

「8」…光彩、物質、支配、根気、剛勇、勝敗、豊富、統率、執着
○勤勉、蓄財、結実　●浪費、無節操、家庭不和

「9」…汎愛、献身、同情、闘争、機転、奉仕、神秘、頂点、波瀾
○判断力、明晰、名声　●転職、離婚、詐欺

「11」…精神的価値の実現

○革新、決断、開拓　●非現実的、意志不定

「22」物質的価値の実現

○指導、外交、実務　●過敏、自己中心

数字には多様な意味が秘められているが、陰と陽、裏と表をふまえた総合的な視野で解釈することが望まれる。したがって特定の数字にたいして先入観や固定観念をもつことは避けなければならない。

イムナ

●名前と生年月日から何がわかるか

言霊占い・ナンバースコープに必要なデータは、生年月日と名前の読みだけ。生年月日には西暦を用いる。名前については、もっぱら読みを重視するので漢字はわからなくてもかまわない。ひとまずローマ字（ヘボン式）で表記してから、規則にしたがって数値化するだけである。画数は無視してよい。 数字の求め方と診断方法については後で述べるが、名前と生年月日から算出する数値とその数値があらわす内容は次のとおり。（　）内は便宜上つけた略称である。

◆ライフナンバー（LN）……一生を通じての支配数（生年月日のすべての数字の合計から算出）
◆ネームナンバー（NN）……社会行動の支配数（ローマ字で書いた姓名を数字に置き換えて合計する）
◆デスティニーパターン（DP）……一生運の指向性をあらわす（ライフナンバーとネームナンバーの合計数）
◆パーソナルナンバー（PN）……個性をあらわす（誕生した日の数字）
◆ハートナンバー（HN）……隠れた欲求や衝動をあらわす（誕生した月と日の合計数）
◆母音数（NV）……名前があらわす先天運（母音の数値の合計数）
◆子音数（NC）……名前があらわす後天運（子音の数値の合計数）
◆年運数（HAN）……１年間の運勢、傾向をあらわす（西暦年とハートナンバーの合計数）
◆月運数（HMN）……1ヵ月間の運勢、傾向をあらわす（年運数と月の数字を合計）
※いずれも合計数は、各桁の数字をさらに足し上げて一桁の単数にすること。

●先天運ライフナンバーの求め方

歴史は年号という暦に刻印される。暦は太陽や月の動き、潮汐などが自然界の規則的な現象の時間経過にともなう位置関係をあらわしており、社会現象も時系列で記述される。個人にかかわる事象が生年月日に支配されるのは、誕生日が天文暦における個人のスタート地点をしめしているからである。個人の素質や行動心理など、最も基本的な性格をあらわしているのがライフナンバー（LN）だが、ライフナンバーは生まれつきの性質をあらわしており、一生涯変化することはない。

ライフナンバーの計算方法について説明するために、ここでは一例としてカズ子さんに登場してもらうことにしよう。

カズ子さんの誕生日は、平成４年９月３０日。ナンバースコープでは西暦を用いるので、平成４年は１９９２年と西暦になおしてから計算する（理由は的中率が高くなるからだ）。日本に伝わる古い数占いでは元号や神武暦を用いることもあるが、ここでは使用しないことにする。

カズ子さんの誕生日の生年月日を全部たしあげて、さらに一桁の数字（根数）になおす。それがカズ子さんのライフナンバーだ。

１＋９＋９＋２（誕生年）＋９（誕生月）＋　３０（誕生日）→　６０　→　６
↓　↓　↓
２１（1＋2）
↓
3　＋　9　＋　3　→　１５（1＋5）
↓
6

というわけで、カズ子さんのライフナンバーは「６」となる。生年月日の数字は、西暦、誕生月、誕生日を個別に算出してから合計してもよいが、それぞれの数字を一気に足し上げる方法もある。

１＋９＋９＋２＋９＋３＋（０）→　３３→　３＋３→　６　（A）
３３（１１×３）→「１１」「3」（B）

「０」は最初から計算にいれなくても結果は同じになるので無視してよい。

なお、本書では、数字を一気に足しあげる方法も併用したい。後述する「マスターナンバー」が出現する可能性があるからだ。カズ子さんの場合、足し上げると「３３」（１１×３）となり、マスターナンバー「１１」が出現している（B）。この場合、ライフナンバーは「６」（A）に代表されるが、「１１」と「3」の数意を内在している。マスターナンバーには地位を押し上げる作用があるが、コントロールを誤ると失敗する。

数字の足し算から単数化する方法については、ネームナンバーを求めるときなどにも用いるので、よく覚えておいてほしい。
日本人が西暦を用いても当たるというのが言霊占い・ナンバースコープの不思議さだが、西暦紀元の表記には、何か重大な秘密が隠されているのだろう。令和、平成などの元号はともかく、西暦を使うのが原則だが、なんといっても世界的にも通用する利点がある。

●夜明けとともに変化するライフナンバー

ところで、ライフナンバーをもとめるときに、ちょっと注意したいことがある。それは、誕生した時刻が深夜、特に明け方であった場合である。
天体の運行は連続的な現象なので、一日のはじまりを厳密に区切ることはむずかしいが、現代の暦では一日は午前零時を起点として始まる。だから、午前零時以降に生まれた人は、午後１１時５９分に生まれた人と誕生日がまる一日ずれるということになる。
日本は昔から“日出づる国”と言い習わされており、日の出を一日の始まりとするのが道理と思われるが、ナンバースコープでは日の出時刻の2時間前を一日の始まりとして計算する。ただし、厳密な約束事ではないのでこだわる必要はない。
日の出時刻は季節や場所によって異なるし、出生時刻のわかる人も限られていて、あいまいさがつきまとうからだ。
そこで、深夜とくに未明に生まれたことがわかっている場合には、念のため、誕生日の前日のライフナンバーも参考にしてほしい。つまり、算出したライフナンバーから「１」を引けばよいのだが、どちらの数意がよく当てはまっているかを判断し、よく当てはまっている数字をライフナンバーとして採用すればよいのである。ただし前日または当日の数字が隠れている場合もあるので総合的な判断が求められる。
ここで、夜明け生まれの数値補正の目安について、参考時刻を示しておこう。計算の根拠は日の出時刻の2時間前である。地域差もあるので、詳しくは天文年鑑などを参照していただきたい。

1月	5：00	2月	5：00
3月	4：30	4月	3：30
5月	3：00	6月	2：30
7月	2：30	8月	3：00
9月	3：30	10月	4：00
11月	4：30	12月	5：00

●「１１」と「２２」はマスターナンバー

ライフナンバーの算出方法は、生年月日の数字をすべて足しあげて「１」から「9」までの一桁の数字になおすのが基本的なやり方だ。ただし、単数化の過程で「１１」とか「２２」になった場合は例外となる。

「１１」は、１＋１＝２、「２２」は、２＋２＝４、つまり「2」または「4」ということになるが、ナンバースコープでは「1」が二つ、「2」が二つという考え方が存在する。一般に「１１」は、男性数（陽数、奇数）の象徴「１」を強める基本数、そして「２２」は、女性数（陰数、偶数）の象徴「２」を強める基本数という解釈になる。

「１１」と「２２」の二つの数字は「マスターナンバー」といわれ特別扱いされている。一般にゾロ目の数字は、その数字のはたらきを強める効果をもつのだが、裏目に出た場合は破壊力も大きいと考えなければならない。強運も、過ぎれば組織の調和を乱して孤立を招くことがある。

太陽黒点の増減周期はおよそ１１年だが、物理学では、「３３」や「６６」など「１１」の倍数は特別な法則にかかわっていることがわかっている。マスターナンバーをもつ人は、社会や組織への影響を考え、協調精神を学ぶことでそのパワーを生かすことができるだろう。

●先天運ライフナンバーの解釈

ライフナンバーは、この世に生まれた瞬間にできた鋳型のようなものだ。いわば性格の基層をなすものと理解していただきたい。職業や趣味、ライフスタイルとも深い関連がある。

ライフナンバーは、先天的な素質や性格を表現していて「自分らしさ」の本質をあらわしている。行動を動機づけるもっとも基本的なはたらきをするライフナンバーについて、各数字の特徴を列記してみよう。

▼ライフナンバー「１」をもつ人の性格と運勢

独立心があり、人を動かそうとする。行動力があるのでリーダーの素質は十分だ。自分の得意な分野で、独創的なしごとに取り組むと能力を生かすことができる。自信家で勇気もあるが、チームプレーには向かない。しかし、ハードワークに耐える努力家だ。男性的な性格で、決断力もある。新機軸を打ち出し、ユニークなプランを出すのがうまいから、何かを始めるというときには頼りになるだろう。

ただ、自惚れが強く、わがままで批判的な性格のため組織の調和を乱すことがあるかもしれない。周囲との協調がたいせつだ。「１」をもつ人は、ひとりよがりになって孤立しないよう注意すること。、怠け癖も禁物だ。

「１」には、「部分」と「全体」といった相対的な数意がふくまれている。「1」には、「全体」をとりまとめるイメージがすでに刻印されているとみるべきだろう。順位を示す「１」にはトップとなるべき運命も期待されているのである。

▼ライフナンバー「２」をもつ人の性格と運勢

女性的で温和、順応性、理解力に富んでいる。周囲の流れにしたがうのを何よりと考え、他人にもよろこんで仕える。チームワークがたいせつな仕事にはうってつけだろう。自分からはけっして主導権をとらないが、目上の協力を得ながら地道に努力して成功する。仲間の家庭事情にも敏感で、何かと頼りにされるはずだ。人情、同情心に厚いが、どちらかというとお人好しでガードはあまい。

消極的な性格なので、感情に支配されやすく場当たり的な行動をとることがある。また、必要以上に先の心配ばかりする傾向がある。人柄はよくても勇気と決断に欠けるのでスケールの大きな事業や先端的な仕事には向かない。しかし、人をうまく操縦する能力、外交的手腕には恵まれている。

生来のやさしさで人を魅了するが、口から出まかせのご機嫌とりばかりでは信用を落とす。人に対しては、敵対心や対抗意識をもたず、美的なものに関心を向けること。バランス感覚を養うことがたいせつだ。

「２」という数字には、「引っ付く」「離れる（分かれる）」という相反する数意がふくまれる。新型コロナウイルス（COVID-19）に翻弄された西暦２０２０年は、「密」を避け「ソーシャルディスタンス（社会的距離）を保て、といったルールが一般化。離合集散が進行したが、アメリカ大統領選では、米国民が２大政党いずれかの支持者に色分けされた。

▼ライフナンバー「３」をもつ人の性格と運勢

几帳面とはいえないが、他人とうまくやれる性格だ。社交的で会話を好み、書いたり話したりすることで能力を発揮する。演劇、歌、ダンス、音楽など芸能、芸術面の特性を開発すれば人を満足させる仕事に就ける。マスコミ関係もわるくない。合理的に割り切る人間関係よりも社交的な関係を好み、エネルギッシュで誠実なのが特徴だ。楽観的で失敗には案外無頓着、失恋してもくよくよすることは少ない。ビジネスをたのしみながら金運をつかむ。しかし、快活で無邪気にふるまう反面、人に対して批判や皮肉を向けることもある。調子に乗って自信過剰となり、あるいは自己宣伝が過ぎると反感を買うので要注意。しつこいのも嫌われる。

忍耐力に欠けるのが弱点。あらゆる面で集中力をやしない、粘りづよく努力する習慣を身につけることが必要だ。多くのことを同時に手がけようとする傾向があるため、せっかくの努力が実を結ばないこともある。「三々五々」とか「三つ巴」といった熟語にもあるように、次から次へと手をひろげると、どの道のプロにもなれないと知るべきだ。

▼ライフナンバー「４」をもつ人の性格と運勢

現実面において活動する実務家肌の人で、日頃の努力と堅実さで幸運をつかむ。目上に対しては忠実、家族思いで責任感が強く、指示されたことは最後までやりとおすという性格。日常的な定型業務を苦もなくこなすハードワーカーだ。他人にとっては非常にたよりがいのある人といえる。

生真面目で建設的な性格だから技術職に向く。規則的なことやシステム化された作業を好み、あらかじめ決められたことを変更するのは嫌いだ。粘りはきくが、強情で頑固なところが欠点。自己規制が強いので、旧来の習慣やライフスタイルにこだわるという保守的な面をもっている。討論や議論にすすんで参加するが、やたらに反対意見ばかり出して厄介者扱いされることもある。

生産的な仕事は得意だが、交渉事や統率能力は乏しい。人を使うよりは使われる立場で力を発揮する。体力もあるので、本格的な「高齢社会」の時代を見越して、介護などサービスを提供する事業で成功するだろう。

いつも多忙だが、けっして成功をあせってはいけない。スローダウンを心がけること。先入観を捨て、形式にとらわれない広い心で人々と接すれば、かならず運は開ける。

「４」は結束の数字だから、一般的に４人組のグループはつよい。ビートルズやローリングストーンズも最初は４人組でスタートした。

▼ライフナンバー「５」をもつ人の性格と運勢

行動力は抜群。女性なら茶目っ気があり愛情表現もうまい。好奇心が旺盛で、常に変化を求める活発な性格だ。頭がよく機転がきくが、観念だけが先行して相手とのあいだに溝をつくることもある。

進歩的で自由や冒険を愛するため、束縛や単調さをきらう。コミュニケーション活動は得意だから海外特派員や外交官、商社の駐在員などに向いている。芸術面の仕事にも能力を発揮するだろう。

移動運があり職業や居所を次々とかえるのは平気、旅行も好きだ。バネがつよく、なんでも来いという性格の持ち主だが、いざというとき頼りにならないのが欠点。喧嘩（けんか）や論争に巻き込まれても「五里霧中」というか、人を煙（けむ）に巻いて責任回避するのがうまく、逃げ足も速い。

快楽指向が強く、賭け事に興味をもつが、金銭の扱いには長（た）けている。キャリアを磨き、せっかくのチャンスを逃さないようにすれば成功するだろう。

▼ライフナンバー「６」をもつ人の性格と運勢

ロマンチストで理想主義者、そして民族主義者である。よき家庭にあこがれ、日頃の健康管理に気を配る。考え方は保守的で大胆さはないが、識別能力は優れている。身近な環境をよくしたいという願望をもつので、グループや地域活動にはすすんで参加する。したがって、職場や町内会など組織における責任分担は快くうけいれるが、自分の理想主義や独自の見解をおしつけて、人から敬遠されることもある。 見かけはともかく内心は嫉妬深く、もめ事などで相手から排撃されると逆上することも。パートナーを求めるが、結婚を意識し過ぎて失敗することが多い。理想は高いが、現実を正直に見つめる目を養うことが必要だろう。む（六）つましくも、無理しないことが求められる。

責任感がつよく、そのため多くの責任を押しつけられ、ただの便利屋になってしまったりする。後悔は先に立たず。善後策をよく考えてから行動することだ。何事にも公私のけじめをつけ、即決能力を磨こう。 感情のコントロールと外交的なバランスがたいせつだ。

▼ライフナンバー「７」をもつ人の性格と運勢

内向的で深く考えるタイプ。個人主義が徹底しており、瞑想や夢想のために一人になることを求める。創造性、芸術性は豊かだが、現実社会の騒々しさは苦手だ。

鋭い感性のためか魂の成長を求めるが、家族を犠牲にしたり、現実の問題解決から逃避しようとする傾向をもつ。したがって、商取引や契約的な行為はうまくいかない場合も少なくない。一時的に経営手腕を発揮するが、組織や仕事上の人間関係に行き詰まり、長続きしないのが欠点だ。

理想的な世界を夢見てか、あるいは心のどこかに自己嫌悪があるためか、なぜか自分のおかれている現状を否定しがちとなる。そのため、ドラッグや酒、異性に溺れ、頭痛を患うことも。どちらかというと分裂症的な性格が、悲観的で孤独な生活に追い込むのではないだろうか。哲学者やアーティストとして有名になることもあるが、財布のヒモはかたい。

体面を気にするのもほどほどにすること。非現実的なことには時間を浪費せず、とにかく事実だけに目を向けて「泣き」をみないことだ。

自分の目的は何か、それを冷静に考えること。これが成功への近道となる。

▼ライフナンバー「８」をもつ人の性格と運勢

現実主義者で組織力がある。エネルギッシュな野心家で才能もあり、ベンチャービジネスなど専門的な分野で成功することも夢ではない。外見は派手な印象だが、内面的な感情を抑制していることもあり、人には冷淡と思われるかもしれない。

即物的な傾向がつよく、タフで体力にも恵まれるが、感情にもろく、同情心に負けて財産を失うこともある。

成功や報酬にとらわれず、人のために努力すると展望がひらけるだろう。向こう見ずな衝動を抑えて、感情をコントロールする技術を学ぶことがたいせつだ。自分と同等の仕事を他人に強要すると「八方破れ」となり、体力のない相手はたちまちバテてしまうにちがいない。

異性に関心はもつが、愛情表現が下手なので気持ちが伝わらない。経済的な安定を求めて結婚する場合もある。

とにかく、目標に向かって努力を惜しまず、からだを動かすのが特徴といえる。人の援助を受けずにやっていける人である。

▼ライフナンバー「９」をもつ人の性格と運勢

「９」は、最後の締めくくりにあたる数字。この数字には、展望にすぐれ、完成をめざして人々を感化し導くというイメージがふくまれている。

仲間への思いやりがつよく、災害などでは立場や組織の壁を越えて犠牲的精神を発揮する。勇敢でファイトがあり、しかも報酬を求めない。

パートナーとしては心強いが、しかし、いったんへそを曲げると手がつけられなくなることも。慈悲心から出た行為でも、相手から裏切られたと思ったら一転して戦闘的になる。エネルギッシュな行動力を内に秘めるが、外見はおだやかで紳士的だ。わがままを抑え、先入観をもたずに努力すれば運は確実に開ける。ただし多方面に目を向ける傾向があり、転職を繰り返す人もいる。
このタイプの人は、能力をフルに発揮するための環境整備がぜひ必要だ。海外旅行関係、医療や福祉関係、政治や芸術方面の職業が向いているだろう。災害ボランティアにも協力的で、サービス業には適性がある。

▼ライフナンバー「１１」をもつ人の性格と運勢

精神面での開拓者をめざす。洞察力に優れているが、現状にそぐわず人から理解されないこともある。自分の信念やライフスタイルを変えることなく、マイウェイを行くのが特徴だ。
得意とする専門分野を見つけて、その道を極めれば成功が約束されている。自分が理想とする環境に向け、人々を教導することで身を立てるのが理想的。しかし、往々にして独りよがりの印象を与えるのは否めない。
人を威圧する力があるので政治、科学、教育、医学、娯楽などの分野で活動するのが望ましいが、空理空論ばかりでは信用されない。言行一致を旨とすることだ。道徳的信念と実力しだいでは国家規模の使命感が生きがいとなるが、「出る杭は打たれる」のが常である。
霊感のつよい人もいるが、性格としては非常に強い面と弱い面の両方をあわせもっているため、輝いているときと落ち込んでいるときの差が極端にあらわれる。「１１」には「２」（１＋１）の数意もあるので、人と協調できるバランス感覚を身につけることも必要。補佐的な役割に終始する人もいる。自己コントロールは難しいが、努力すればおのづから運は開けるだろう。

▼ライフナンバー「２２」をもつ人の性格と運勢

先生として人々を指導する役割をもつ運。原始ユダヤ教では「２２」という数字は創造主に属し、万物を司るとされている。そのためか、ヘブル語のアルファベットの文字数、旧約聖書の巻数、タロットカードの枚数もなぜか「２２」である。
この数字をもつ人は、専門の分野でかならず上位に立つことができるといわれている。頭脳も明晰で自分のアイデアを人々に認識させる能力にすぐれ、計画を実行にうつす行動力もある。
しかし、この数字は支配力がつよい。そのため、他人を犠牲にすることがある。もしもあなたが会社の重役とかいった指導的な立場にいるとすれば、自分のやり方を社員や取引先に押しつけていないか、時々振り返ってみよう。自分と異なった意見を恐れず、意志決定を明確にしてから他人に指示すれば、社員の信頼も増すにちがいない。

何かを始めようというときには、他人の口出しに耳を貸さないほうがよい結果を生むだろう。「２２」には「4」（2＋2）の数意もあるので、からだは丈夫だが自信過剰は故障のもとになる。

欠点としては、物事をあまりにも細分化し過ぎる傾向があるようだ。過度の自己規制や他人へのおせっかいも失敗のもとになる。相手を思いのまま動かそうとしてイライラするよりも、細かいことには目をつぶり、外見だけでも寛大にふるまうのが得策。

●ライフナンバーと適職

「天職」という言葉があるように、先天的な素質を示すライフナンバー（ＬＮ）は、職業とも密接な関係がある。ライフナンバーにもとづく適職は次に示すとおりだが、職業は社会運、すなわちネームナンバー（ＮＮ）とも深くかかわっている。ネームナンバーも考慮に入れて判断していただきたい。

「1」・経営者、政治家、思想家、タレント、プロデューサー、など
「2」・企画スタッフ、アシスタント、秘書、参謀、サービス業、など
「3」・マスコミ関係、自由業、外交官、通訳、モデル、タレント、など
「4」・技術者、会計士、司法書士、情報産業、農業、薬剤師、建設業、など
「5」・旅行業、運送業、画商、貿易商、通訳、ジャーナリスト、など
「6」・公務員、芸術家、環境デザイナー、調理師、美容師、など
「7」・弁護士、医師、研究者、政治家、教師、宗教家、哲学者、工芸家、など
「8」・金融業、証券業、運輸業、警察官、自衛官、スポーツ選手、など
「9」・医師、看護婦、保母、作家、俳優、飲食業、接客業、社会福祉など
「11」・独創性を発揮する仕事に向く
「22」・指導力、包容力を発揮する仕事に向く

●結婚の年齢とライフナンバー

就職や結婚の年齢、職場の異動など人生における重要な出来事はライフナンバーと関連している。満年齢がライフナンバーの倍数にあたる年は、人生の重要な節目となるかもしれない。

たとえばライフナンバーが「３」の人であれば、２１歳、２４歳、２７歳……というように「３」の倍数の年齢で結婚するケースもある。入学や就職、職場の異動も同

様に、ライフナンバーの倍数にシンクロ（同調）することがあるようだ。

ライフナンバーは相性とも関係していて、同じライフナンバーをもつ相手とのつきあいは、親子、夫婦、恋人といえども「くされ縁」になる傾向がある。お互いの努力で向上をめざす運勢だ。もし親子が同じライフナンバーであれば、同居するよりは別居したほうがよい結果を生むかもしれない。

人間関係については、前述の「コミュニケーションの循環図」（「ソロモンの七角形」29頁）が参考になるだろう。一般的には、この七角形を取り囲む円の隣り合う数字、あるいは三角形に含まれる数字のグループは相性がよく、直線で向かい合う場合には衝突しやすいのではないか。

●個性運パーソナルナンバー

生まれた年月と同様に特別な意味をもつパーソナルナンバー（ＰＮ）は、外面的な印象と個性をあらわしている。

パーソナルナンバーは、ずばり誕生日そのものだから、自分や相手の性格を知るにはもっとも手っとりばやい方法である。初対面の人でも誕生日だけなら抵抗なく教えてくれるはずだ。

ライフナンバーの解釈をふまえ、パーソナルナンバーを参考にすることで、対人関係はより鮮明になるだろう。なお、午前零時以降で夜明け前に生まれた人は、誕生日前日の数意も参考にしなければならない。明け方生まれの場合は、慎重な判断が望まれる。

●パーソナルナンバーの解釈

▼パーソナルナンバー「１」をもつ人の個性運

強い意志と独立心で指導性を発揮する。知的傾向をもち理性的、組織力もあるが、自分本位の支配的な性格と嫉妬心が足を引っ張る。目的をはっきりとさせて努力すれば、創造的な仕事でパイオニアとなることも不可能ではない。マイウェイを進むが、人の評判を気にするところもある。

▼パーソナルナンバー「２」をもつ人の個性運

音楽やダンスなど、リズムのあるものを好む。感受性がつよいので、意気消沈するようなムードは苦手だ。几帳面で同情心に富む一方、心配性で、抑圧や憂鬱から逃避する傾向がある。外交手腕があるので、人といっしょに仕事をするのがよい。持ち前の審美眼で、自分を客観的にみつめて努力さえすれば、詩人や作曲家にもなれる。

▼パーソナルナンバー「3」をもつ人の個性運

生まれつき表現力に恵まれており人生をエンジョイできる人だ。ちょっと神経質なところがあるが、この人にとって社交、とくに友人は不可欠な存在。想像力が豊かで、書いたり、喋ったり、教えたりする仕事が向いている。クリエイティヴで知的な分野で成功するだろう。つきあいはうまいが人を利用するのもうまい。おしゃべりだ。

▼パーソナルナンバー「4」をもつ人の個性運

何事にも忠実で、良心的、一生懸命やるのが特徴だ。根が正直なせいか、つい本当のことを言ってしまい恨みを買うこともある。非難されても自分のスタイルをかえないが、いったん手を染めたことは細部にわたるまで目を配り、最後までやりとげてしまうといった長所もある。からだは人一倍丈夫だ。ビジネスに生きるのがベスト。

▼パーソナルナンバー「5」をもつ人の個性運

感受性が鋭く多方面にわたって興味をもつ自由人だ。束縛をきらう。ルーティンワークは苦手だが、好きなことをやらせれば時間を惜しまない。つねに動いていないと気がすまないタイプ。陽気だが、ささいなことにとらわれる一面も。異性を引きつけるが、男女間の問題を起こしやすい。セールスマンやプロモーターに向く。

▼パーソナルナンバー「6」をもつ人の個性運

家庭を愛し、いつも仲間をもとめている。協調性があり、どんな集団とでもうまくやっていけるだろう。また、身近な環境を改善して、人からよろこばれる。表面はおだやかで滅多に怒ることはないが、爆発するとたいへんだ。自分の仕事や能力を過大評価せず謙虚になれば落ち込むこともない。音楽やステージの仕事に向く。

▼パーソナルナンバー「7」をもつ人の個性運

ものしずかで内省的、何事も理詰めで考える分析的なタイプ。カンが鋭く、支配的な性格と抜け目のない頭をもつ。

持ち前の識別能力により完全性を求める傾向がつよい。科学や神秘的なことに興味をもつが、他人の意見を無視する傾向があるので冷淡と思われる。感じやすく、家庭におさまらないタイプ。専門分野に従事するのがベスト。

▼パーソナルナンバー「8」をもつ人の個性運

実業界で成功する星をもつ。決断力があり、権威を示す力もある。しかし権力もお金も人並みのことでは満足せず、より大きな地位を獲得しようとするため破産も。精神的なものよりも物質的なものに興味をもち、蓄財もできる。成功のためには、それなりの組織が必要だが、組織のなかでは努力をおしまず力を発揮する。

▼パーソナルナンバー「9」をもつ人の個性運

理知的な能力ばかりでなく、創造性にも恵まれている。「9」には「世界」という意味もあり、海外、外国人と仕事の縁がある。おおむね寛容だが、衝動的で向こう見ずな性格なので、人間関係の摩擦は避けることはできない。温厚で保守的な外見を利用しようとする人もいるから気をつけること。

▼パーソナルナンバー「10」をもつ人の個性運

自立心が強く、人をリードしていく。人の鎧(よろい)をつけても、他人にはなりすませないというタイプだ。「まかせてよ」と言えるほど陽気で強力なパワーの持ち主で、人からあてにされるが、人をあてにしてはいけない。芸術的なセンスと包容力があるのでベンチャービジネスに向いている。人のことを自分と同様に思いやり援助する。

▼パーソナルナンバー「11」をもつ人の個性運

高い理想と大志を内在、感じやすくサイキックな性格だ。道理や分別といった世間の常識にしたがうよりも、自分の直観を信じて生きるほうがよい結果が得られる。人並み以上の知性に恵まれているが、衝動的で興奮しやすい。感情のコントロールと、何事も中庸を心がけることが幸福の鍵だ。

▼パーソナルナンバー「12」をもつ人の個性運

あたたかく友情にあふれており、実際的な知恵をもつ。美術や文学に才能を発揮するのは恵まれた環境のためか。バランス感覚があり人間関係は比較的良好だ。しかし、恋愛や友情関係では傷つきやすく、持ち前のプライドを犠牲にすることがある。セールスプロモーションの仕事、エンタティメント、文学的な仕事がよい。

▼パーソナルナンバー「13」をもつ人の個性運

誤解を受けやすく、自分勝手な人間という印象を与えているかもしれない。つまり、自分をうまく表現するのが苦手だ。しかし、組織力があり、よく仕事をするし、人をコントロールする能力もある。自分の感情をすなおに表現するように心がければ、人間関係もかなり改善されるだろう。カンが鋭く、科学技術方面に適性がある。

▼パーソナルナンバー「１４」をもつ人の個性運

多才。論理的で感性も豊かという両面をもつ。創造するパワーもあれば、破壊するパワーもある。新しいものを好み変化のある生活を求めるが、得意な分野に絞り込めばよい結果が期待できそうだ。外見は暗そうに見えても内面は幸福。ただし、家族との関係はわるく、人生の浮き沈みがはげしい。慢性病に悩む人もいる。

▼パーソナルナンバー「１５」をもつ人の個性運

協調性も思いやりもあり、責任感が強い。しかし、安請け合いをして他人の犠牲になることも。上品な印象により人からは好感をもたれる。だれに対しても協力的だが、人に支配されるのは嫌いだ。明るくふるまうが、いったん人間関係にひびが入ると元に戻らない。幸福な家庭生活と美的充足感が身上。芸術や専門分野で成功する。

▼パーソナルナンバー「１６」をもつ人の個性運

世俗的なことよりも、精神世界や哲学的な方面に興味をもつ。カンが鋭く、ビジネスでもユニークな才能を発揮することはまちがいない。文学や芸術方面にも隠れた素質をもっている。完全主義者のため、癇癪(かんしゃく)もちで相当短気な人もいる。愛情と、できればひとりになれる場所が必要だ。冷静に見えるが、内心はいつも慌(あわ)ただしく落ち着かない。

▼パーソナルナンバー「１７」をもつ人の個性運

気分屋だが、家族や身近な人たちからは好感をもたれる。しかし、感情に支配されやすく周囲をトラブルの巻き添えにすることも。ささいなことにこだわらず、持ち前の能力をうまくいかせば金銭的には不自由しない。利己的な探求心を満足させるのに余念がなく、保守的、支配的な性格を持つ。僧職にはもってこいのタイプ。

▼パーソナルナンバー「１８」をもつ人の個性運

独立して何かやりとげるというリーダータイプの人だ。議論好きだが、けっして持論を曲げようとしないし、自分の思想や信条について指摘されることも好まない。資産運用はうまく、感情に支配されやすいとはいえ知的なことがらに興味をもつ。分析、批評は鋭く、音楽評論家などは適職といえる。

▼パーソナルナンバー「１９」をもつ人の個性運

多方面にわたる才能があるが、何事につけ極端から極端へはしる傾向をもっている。孤独を感じつつも独立心を燃やす。複雑で、誤解をうけやすい性格だ。しかし、絶壁にたたされても、持ち前の個性で克服してしまうほどのバネもある。仕事では裏方に回る立場となるが、サラリーマンよりも何か特殊な職業につくほうがよいかもしれない。

▼パーソナルナンバー「２０」をもつ人の個性運

感情に支配されるタイプだ。情にもろく、他人から影響を受けやすい。安全と快楽を求め、仲間をつくって頼ろうとする。家事にはマメで、同情心はあつい。自分の立場や生活に直接かかわることには用心深く、何かをやろうとするときには、必ず人を巻き込んで責任を回避する。

▼パーソナルナンバー「２１」をもつ人の個性運

人を動かす力があるので、書くことでも演じることでもなんでもよいから表現の方法を学ぶべきだ。個人主義者で独立心も旺盛だが、能力を多方面に分散させると器用貧乏になる。職をかえることがあるが、教育関係にかけてみるのもよいだろう。陽気な性格だが、感情の浮き沈みがはげしい。疑い深く自尊心も強いので、片想いか大恋愛のタイプ。

▼パーソナルナンバー「２２」をもつ人の個性運

指導運があり、世の中に貢献することが目標となる。仕事熱心で献身的だが、交際範囲は限られ他人には意外と無頓着だ。組織の問題点を直観的にとらえる能力にすぐれ、異性ともうまくつきあうが、支配欲はつよい。ただ、期待どおりの成果があげられないとかんたんにあきらめる。調子乗りで空威張りに終始する人もいる。

▼パーソナルナンバー「２３」をもつ人の個性運

活動的で、よく働き、よく遊ぶというタイプ。公私混同をせず、組織の役割分担を積極的に受け入れるが、ついやり過ぎてしまうことも。自分の意見を人におしつけるなどエゴイストの一面もあり、感情のコントロールは弱い。そのため極度の憂鬱（ゆううつ）におちいることもある。目標を決めたら、けっしてあきらめないこと。教育分野が向いている。

▼パーソナルナンバー「２４」をもつ人の個性運

公私のけじめに厳格で、どんなときでも合理的かつ責任ある行動をとろうとする理想主義者。ときにはロマンチックな夢想家ともなるが、自我はつよい。そのため自分の考えにこだわり、それを人に押しつけようとする傾向がある。喜怒哀楽を隠さず、恋愛においても周囲の認知を得ようと努力を惜しまない傾向がある。

▼パーソナルナンバー「２５」をもつ人の個性運

直感にすぐれた完全主義者だ。お天気屋だが研究熱心、自分の内面を出そうとしないので誤解をうけることもある。創造的な才能が事業家としての手腕を発揮するが、営業は苦手だ。せっかちで、いざとなると実行力が欠ける。すなおに現実に目を向けることがたいせつ。都会のネオン街より田舎でのシンプルライフを求める。

▼パーソナルナンバー「２６」をもつ人の個性運

まず家庭やこども第一主義。家族に対しては厳格だが他人には寛大だ。組織力と実行力があるので、ビジネス界で成功する可能性もある。地位や立場への誇りが強く体面を気にするが、心配性のため持続力に乏しいのが欠点。早婚だが異性とのトラブルは避けられない。自分の感情に素直になれば、人間関係も改善される。

▼パーソナルナンバー「２７」をもつ人の個性運

独立心と高い理想をもつ。他人の指示をうけるのを嫌うが、仲間には寛大だ。上司や仲間のためというよりは、自分自身が納得するために働き奮闘する。社交術には長(た)けているが、問題にぶつかるとムードに負けて、なるがままにまかせてしまう。サイキックな面があり、哲学や宗教方面にのめりこむことも。

▼パーソナルナンバー「２８」をもつ人の個性運

積極的で意志強固。従来のやり方に囚われるのがきらいで、自由が何よりもたいせつと考えている。独立心がつよく勇気があり、人を率いる力もある。目標に向けて一生懸命努力するが、やり遂げたらかんたんに放棄する。おとなしそうに見えるが、自分の計画は思い切って実行する。

▼パーソナルナンバー「２９」をもつ人の個性運

行動的で統率力もあるが、気分屋で移り気だ。いいものはすばらしくよく、悪いものはとことん悪い、というように物事を極端にきめつける傾向がある。心のバランスを保つために、仕事以外に趣味が必要。出世運はあるが、感情に支配されやすく協同作業は苦手だ。多忙のため家庭生活を犠牲にする。

▼パーソナルナンバー「３０」をもつ人の個性運

イマジネーションに恵まれているので、興味は絵画や演劇、文学方面へ向かう。どんな仕事でもうまくこなすが、定型的な仕事は苦手だ。思想的な背景がなく議論は無用のタイプ。よい友達ができるし、人気もある。多方面にエネルギーを消耗させず、目標を決めたら、忍耐づよく取り組むこと。

▼パーソナルナンバー「３１」をもつ人の個性運

建設的な考えの持ち主でハードワーカーだ。律儀で責任感も強い。仕事熱心だが、自分の方針や方法を変えようとしない頑固な面もある。ドラッグや薬草に興味があり、健康や医療には一家言をもつ。

異性関係では自分をうまく表現できずイライラするが、目標を低めに設定すれば悩まずに済む。旅を愛し、気前がいい。

●数列による性格判断

ギリシャ時代には、数字の系列によって性格を判断する方法もあった。まず「1」から「9」までの数字を配列した次の図をみていただきたい。

この図をタテにみると、1－2－3、4－5－6、7－8－9、と連続した並びになっている。ヨコをみると1－4－7、2－5－8、3－6－9、と三つずつの数字の隔たりがある。さらに斜めにみると、1－5－9、3－5－7、とそれぞれ四つまたは二つずつの数字の隔たりがあることがわかる。

生年月日に含まれる一つ一つの数字をこの表のなかに当てはめると、性格や行動心理について、より深く知ることができる。

パリで交通事故死したダイアナ元妃の生年月日は１９６１年7月1日。この数字をさきほどの表をもとに配置すると……。

▲	6	9	
▲	▲	▲	
111	▲	7	（▲印は欠落数）

この表をもとにタテ、ヨコ、ナナメの系列について検討すると、完成している数列はなく、２－５－８の数列が欠落しているのがわかる。

２０世紀生まれの人、すなわち１９００年代に生まれた人には必ず1と9の数字があるから、１－２－３、１－４－７、７－８－９、３－６－９、１－５－９の数列が完全に欠如することはない。完全に欠如する可能性があるのは、２－５－８、４－５－６、３－５－７である。ダイアナ元妃の場合は、２－５－８の数列が欠けているので、どこか世間に引け目を感じている様子がうかがえる。たしかにチャールズ皇太子はともかく、ダイアナ元妃自身も不倫問題などで世間から非難されていた。

次に各数列の意味について記す。

▼２－５－８の数列について

２－５－８の存在は、寛容でどんな境遇にも適応できる能力を示している。感じやすく同情心がつよいので人から頼りにされる。自分のことより人に尽くすことを優先して考える善良なタイプだ。

しかし、感情にもろく、自分に関することには優柔不断で神経を消耗させる。そのため、気の合う人以外は無関心になる。

２－５－８の数列の欠如は、他人と混じってつきあう能力の欠如を示しており、自信に乏しく自尊心の発達が妨げられている。したがって、自分の能力が正当に評価されず、人にたいして卑下する傾向をもつことになるだろう。

▼４－５－６の数列について

４－５－６は意志の強さを示している。この力が生かされれば大きな収入も夢ではない。「４」は誠実さ、「５」は外部への影響力、「６」は家庭への愛情を示しているから、この数列をもつ人は社会的な適応力が高い。しかし、他人を自分の人生のなかに巻き込もうとすると敬遠される。

この数列の欠如は、一般的にチャレンジ精神に欠け、ちょっと躓（つまづ）いたらあきらめてしまう傾向を表している。結婚生活ではその傾向が顕著に表れるので長続きしない。

▼7－8－9の数列について

この数列をもつ人は、アイデアを実行に移す能力は抜群。とにかく行動力はすばらしい。しかし体力の消耗がバランス感覚を狂わせるので、休暇と栄養は充分にとることが必要。

なお、１９００年代生まれにはいないが、この数列が欠如する人は、忍耐力を涵養する必要がありそうだ。

▼3－5－7の数列について

七五三の伝統行事にあらわれているように、「３」という快活で外向的な数字と「７」という内省的な数字が「５」という中心的な数字に結びつき、精神的な調和を示す数列となっている。 この数列の欠如は、物質面ばかりにとらわれ精神的な配慮を欠きやすいという傾向を示す。したがって友人とか仕事仲間でトラブルをおこしやすいのが欠点だ。趣味などを通じて視野を広げる努力をしないと、孤独な人生から脱却するのは困難だろう。

▼1－2－3の数列について

この数列をもつ人は、物事をきちんと系統だてて考えるタイプで、組織をコントロールする能力がある。

おおむね思慮深いが、ときどき口先だけに終始する人もいる。

▼1－4－7の数列について

この数列の数字には強い個性がある。したがって長所を生かせば一次的に大発展する運となる。つまり組織力と自己犠牲の精神によって事業をやり遂げることが可能だ。健康でスタミナに恵まれている。感性も豊か。しかし、自分にできないことや知らないことにまで手を広げるのは危険だ。

「１」は創造性、「４」は実務能力を示すが、いっぽう「７」は自己犠牲の数字であるため干渉しあって葛藤をおこす。イライラしやすく癇癪もちとなるわけだ。物質面にこだわりすぎると人から見はなされ、特に晩年は寂しい人生となるだろう。

巨艦「大和」が撃沈されたのは１９４５年4月7日。１－４－７の数列には、挫折運も内在しているのである。

▼１－５－９の数列について

障害に出遭っても、ひるむことなく克服する粘り強さをもっている。最後には勝つという自信をもつが、ともすれば過剰になり傲慢になりやすい。

まず他人への配慮、思いやりが必要だ。協調性に欠けると、失敗したときに援助が得られず孤立する。

▼３－６－９の数列について

３６９の語呂合わせはミロク（弥勒）で、菩薩のようなイメージをもつ人もいる。たしかにこの数列は知性が高く、精神的なバランスを示している。この数列をもつ人は、役割分担を受け入れ、論理的に問題を解決する能力に恵まれている。したがって、知的な才能を開発すれば、必ず運がひらけてくるはずだ。

●社会運ネームナンバーの求め方

生年月日が先天運を司るとすれば、名前は後天運を支配する。 社会運を示すネームナンバー（NN）は名前をもとに算出するが、書き文字でなく呼び名、つまり音で判断するのが基本だ。

したがって、文字の種類や画数はとりあえず考えなくてよい。 ネームナンバーを算出するには、ローマ字で書かれたアルファベットの一つ一つを数字に変換、これを合計して単数化するのである。ローマ字のアルファベットを数字に換算するには、次の表を用いられたい。

1	2	3	4	5	6	7	8	9
A	B	C	D	E	F	G	H	I
J	K	L	M	N	O	P	Q	R
S	T	U	V	W	X	Y	Z	
1	2	3	4	5	6	7	8	9

まず、占いの対象となる名前をローマ字で表記して、それぞれの文字（アルファベット）を「1」から「9」の数字におきかえる。

さらに、それらの数字を足し上げて一桁の数字になおす。一桁にする方法は、ライフナンバーを求めるときとまったく同じである。こうして算出された数字がネームナンバーで、後天的な性格と運勢、つまり社会運を表している。

ここではアルファベットをABC順に「1」から「9」までの数字に対応させているが、古代のゲマトリアやカバラでは「1」から「8」までの数字しか使用していない。

参考のため、旧式の換算表を掲載するが、この表を使うのは特別な場合に限られるので、ここでは無視していただきたい。しかし、カンの鋭い読者なら、タテ系列の文字に発音上の共通点を発見するかもしれない。

1	2	3	4	5	6	7	8
A	B	C	D	E	U	O	F
I	K	G	M	H	V	Z	P
Q	R	L	T	N	W		
J	S	X					
Y							
1	2	3	4	5	6	7	8

ギリシャ時代の哲学者で芸術家でもあったピタゴラスは、言語の最も基本的な位置を占めるのが数であり、世界は数から成り立っていると主張した。ピタゴラスによると、アルファベットの配置と数字には普遍的な秩序と法則がはたらいているという。

●名前のローマ字表記について

日本語の名前は、英語アルファベットを用いたローマ字でも表記できる。ただし、呼び名をローマ字に変換するときには若干の注意が必要だ。

ナンバースコープは「音」を基本としているため、ローマ字の表記は原音に忠実でなければならない。

筆者は、コンピュータによる音声シミュレーションや、実際の診断データの評価から、ローマ字表記の際は、次の表（いわゆる「ヘボン式」）を用いるのが最も適切であることを確認した。

なお、この表は英語アルファベット順の配列になっている。

ア (A)	エ (E)	イ (I)	オ (O)	ウ (U)
カ (KA)	ケ (KE)	キ (KI)	コ (KO)	ク (KU)
ハ (HA)	ヘ (HE)	ヒ (HI)	ホ (HO)	フ (FU)
マ (MA)	メ (ME)	ミ (MI)	モ (MO)	ム (MU)
ナ (NA)	ネ (NE)	ニ (NI)	ノ (NO)	ヌ (NU)
ラ (RA)	レ (RE)	リ (RI)	ロ (RO)	ル (RU)
サ (SA)	セ (SE)	シ (SHI)	ソ (SO)	ス (SU)
タ (TA)	テ (TE)	チ (CHI)	ト (TO)	ツ (TSU)
ワ (WA)				
ヤ (YA)			ヨ (YO)	ユ (YU)
バ (BA)	ベ (BE)	ビ (BI)	ボ (BO)	ブ (BU)
ダ (DA)	デ (DE)	ヂ (JI)	ド (DO)	ヅ (ZU)
ガ (GA)	ゲ (GE)	ギ (GI)	ゴ (GO)	
ザ (ZA)	ゼ (ZE)	ジ (JI)	ゾ (ZO)	ズ (ZU)
パ (PA)	ペ (PE)	ピ (PI)	ポ (PO)	プ (PU)
ビャ (BYA)			ビョ (BYO)	ビュ (BYU)
チャ (CHA)			チョ (CHO)	チュ (CHU)
ファ (FA)	フェ (FE)	フィ (FI)	フォ (FO)	フュ (FU)
ギャ (GYA)			ギョ (GYO)	ギュ (GYU)
ジャ (JA)	ジェ (JE)		ジョ (JO)	ジュ (JU)
キャ (KYA)			キョ (KYO)	キュ (KYU)
ヒャ (HYA)			ヒョ (HYO)	ヒュ (HYU)
ミャ (MYA)			ミョ (MYO)	ミュ (MYU)
ニャ (NYA)			ニョ (NYO)	ニュ (NYU)
リャ (RYA)			リョ (RYO)	リュ (RYU)
シャ (SHA)			ショ (SHO)	シュ (SHU)

日本には、古事記や日本書紀よりも古い「ホツマツタエ」という文献があった。「五七調」の歌謡形式で綴られたわが国最古の文学で、いわゆる神代文字で記されているのが特徴だが、たまたま古書店の店頭で発見されたのは、戦後のことである。

「ホツマツタエ」に記された「アワの歌」は、当時は日本語発声の教材として、幼児教育にも使用されたらしい。現代の「五十音図」の原形ともいえるだろう。

ただ、「アワの歌」における五十音の母音の配列は、現代の「アイウエオ」と異なり「アエイオウ（ＡＥＩＯＵ)」、つまり英語のアルファベット順になっている。

●ローマ字表記上の注意

名前をローマ字に変換する過程での注意事項として、音引（おんびき)、音便の問題もある。「優」「良」などの漢字における長音符は、通常「ゆう」「りょう」と表記する。しかし、本書ナンバースコープでは、便宜上これを「ゆー」「りょー」と表記して音引きを無視している。「ゆ」「りょ」などの音素だけをローマ字に変換するわけだ。

近年、「ＹＵＵ」「ＲＹＯＵ」のように日本語の表記をそのままローマ字におきかえるケースも散見されるが、実際の発音とは異なるので、これは避けていただきたい。

「ヘボン式」のローマ字を採用する理由は、本来の「音」に近く、なぜか的中率も高いからである。

いくつか例をあげてみよう。

（例１）　大木　陽子
一般表記　→　おおき　ようこ
ナンバースコープ　→　オーキ　ヨーコ
ローマ字　→　ＯＫＩ　ＹＯＫＯ

（例２）　難波　風太郎
一般表記　→　なんば　ふうたろう
ナンバースコープ　→　ナンバ　フータロー
ローマ字　→　ＮＡＭＢＡ　ＦＵＴＡＲＯ

「ン」は、通常「Ｎ」と表記するが、「Ｂ」音、「Ｍ」音、「Ｐ」音が連なる場合に限り、「Ｍ」と表記する（ヘボン式)。

ＮＴＴ、ＪＡＬなど、社名や通称がアルファベットになっているものは、そのまま採用する。

NTT → 9（ネームナンバー）
522

JAL
113 → 5（ネームナンバー）

（例3） 月光 剛

一般表記 → げっこう つよし
ローマ字 → GEKKO TSUYOSHI
（促音は、文字を重ねて表記する）

●数値変換の実際

さて、名前のローマ字表記が完成すれば、次は数字におきかえる作業だ。ふたたびカズ子さんに登場してもらおう。ネームナンバーは、ふつう姓名の合計で求める。アルファベットを数字になおすには、63頁の表を使えばよい。

ワタナベ カズコ → WATANABE KAZUKO
↓↓↓↓↓↓↓↓ ↓↓↓↓↓↓
5+1+2+1+5+1+2+5 +2+1+8+3+2+6 = 44
4 + 4 → 8（NN）

というわけで、「8」がカズコさんの「ネームナンバー」と算出される。

●社会運ネームナンバーの解釈

人生の不運に嘆くのは名前のせいだときめつける人もいるが、それほど名前の影響力はつよいと見られているのだろう。

とくに職業面では無視できないのが「ネームナンバー」だ。「ネームナンバー」は、後天的な性格、とくに外見や態度となって表れる特徴を示している。

「ネームナンバー」の解釈について以下にかんたんに述べるが、数意については「ライフナンバー」と共通する部分もある。先天的な「ライフナンバー」と、互いに補完的な役割を果たしているのが「ネームナンバー」だ。

▼ネームナンバー「1」をもつ人の社会運

鋭い知覚能力と独創性により、パイオニアとしての役割が期待される。独立心がつよく集中力もあるので、確固たる希望をもてば、どんな障害でも克服できるにちがいない。バイタリティは旺盛。しかし、煮え切らない態度は禁物だ。人に対して支配的にならず、協調性をたいせつにすること。

▼ネームナンバー「2」をもつ人の社会運

ものわかりがよく、外交手腕を発揮する。他人との関係のなかで自分の存在を確認できる人で、協同作業や細かい情報収集も得意だ。忍耐力があり、よく働く。ただ感情に支配されやすいので、情に任せて一時しのぎの応対をすると、人間関係を損なう危険性もある。

▼ネームナンバー「3」をもつ人の社会運

話したり書いたりする能力を役立て、大いに人をよろこばせてほしい。表現力を磨き、クリエイティブな能力を開発すれば、リッチで快適な生活環境を実現するのも夢ではない。しかし、調子に乗りすぎたり、あるいは批判的な態度は失敗をまねく。器用貧乏にも注意が必要だ。

▼ネームナンバー「4」をもつ人の社会運

身を粉にして働くハードワーカー。お金に余裕ができても、休むことを知らない。からだは丈夫。たとえ故障しても必ず克服するほどの頑張り屋で職務に忠実だ。大なり小なり挫折運があるが、責任を放棄せず、未来の建設者たる自覚をもって仕事を全うすること。

▼ネームナンバー「5」をもつ人の社会運

好奇心がつよい自由人、多彩な経験をする。変化に対する適応力があり、世の中の出来事に敏感。金銭勘定にも長けている。旅行好きということもあるが、外国語を学び、未知の領域へ挑戦することに興味をもつ。移動運があるが、足元の目標を見失わないように気をつけること。

▼ネームナンバー「6」をもつ人の社会運

身近な環境へ配慮、さらに改善して快適なものにしようと努力する。調和精神の持ち主で家庭をたいせつにし、地域活動にも積極的だ。生来、責任逃れのできない性格だが、実力がともなわない場合は破滅する。おしつけがましい行為はありがた迷惑、セクハラ、パワハラにもなりかねない。避けるべきだろう。

▼ネームナンバー「7」をもつ人の社会運

哲学的で思索を好む合理精神の持ち主。分析的な手法や理論を用いて現象面の背後にある真実に目を向けようとする。近代的な生活よりも田舎での隠居にひかれるかもしれない。表舞台よりも、裏方で操作する役が似合っており、人生におけるさまざまな問題解決に知恵を出す。一時的な飛躍運があるが、失敗を恐れると後退する。

▼ネームナンバー「8」をもつ人の社会運

実際的な財務能力があり、組織のなかではパワフルに活動する。良識的な判断を重視しており、目標に向かって積極的に行動すればトップに立つことも可能だ。物質的には不自由しないが、整理能力に欠ける人もいる。人生を価値あるものとして前向きに生きること。緻密さとバランス感覚を磨けば道がひらける。

▼ネームナンバー「9」をもつ人の社会運

広い視野で物事を考え、医療やサービス業では奉仕精神を発揮、芸能界で活躍する人もいる。外見は寛大な印象を与える。人々のために役立ちたいと願って職業を選ぶが、たびたび転職する人が多いのも特徴。先入観や偏見をもたず、仕事を最後までやり遂げるという意志が成功の鍵。

▼ネームナンバー「11」をもつ人の社会運

至高性をつよく求める。独創的なアイデアをもっているので、知恵と努力で実用化できれば金儲けも夢ではない。ただし自惚れは禁物だ。はっきりとした方針のないまま、また心のどこかで負い目を感じながら現実味のない夢を追うのなら、あっさりとあきらめるべきだろう。

▼ネームナンバー「22」をもつ人の社会運

実務、統括能力にすぐれている。自分が理想とすること、たとえば地球環境の保全や医療福祉といった視野の大きな問題の改善に興味を向ける。もし、組織や集団を率いる立場であれば、部下の意見にこだわることなく、自ら主導する姿勢を貫いたほうがよい結果を生むだろう。

●母音数と子音数

私たちが使っている言語は、母音と子音で成り立っている。母音とはアイウエオのことで、母音および母音と子音の音素がくっついて日本語五十音を構成している。

ここでは名前を、母音と子音に分けて、性格を判断してみよう。

前出のカズ子さんの名前をローマ字で書くと、Watanabe Kazuko となるが、この名前には、a、u、e、o、という母音とw、t、n、b、k、z、という子音が含まれている。名前を構成する主な要素である母音は内面的な願望や野心を示し、子音は外面的な印象を表す。

さて、カズ子さんの名前を数字に変換すると、

母音数と子音数を合計すると、ネームナンバー（NN）が求められる。

(1 + 1 + 1 + 5) + (1 + 3 + 6) = 18
1 + 8 → 9 （母音数、内面的な欲求をあらわす）
1 1 1 5　　1 3 6 → 母音
WATANABE　　KAZUKO
5 2 5 2　　2 8 2 → 子音
(5 + 2 + 5 + 2) + (2 + 8 + 2) = 26
2 + 6 → 8 （子音数、外面の印象をあらわす）

母音数と子音数を合計すると、ネームナンバー（NN）が求められる。

9 + 8 → 17 → 8（ネームナンバー、態度や行動パターンをあらわす）

なお、それぞれの数字に象徴される性質については、「数意の解釈について」（40頁）を参考にしてほしい。

●数字の出現度数で知る長所と短所

ここではさらにすすめて、名前にあらわれる長所や欠点についてしらべてみたい。

カズ子さんの名前に含まれるアルファベットの音価、すなわち「1」から「9」までの数字の露出頻度を統計してみよう。

W（5）、A（1）、T（2）、A（1）、N（5）、A（1）、B（2）、E（5）
K（2）、A（1）、Z（8）、U（3）、K（2）、O（6）
「1」・・・5
「2」・・・4
「3」・・・0
「4」・・・0
「5」・・・2
「6」・・・1
「7」・・・0
「8」・・・1
「9」・・・0

右側の数字が露出度数となるが、カズ子さんの名前を構成している数字のなかでは「1」がもっとも多く、つづいて「2」が多い。

つまりカズ子さんは「1」と「2」の数意につよく支配され、「3」「4」「7」「9」が欠落している。「1」という数字から、独創性があってリーダーシップをとるなど開拓精神の持ち主と判断できるが、露出頻度が多く、わがままで身勝手という性格も表れる。ただし、日本人の名前は母音の「A」を多く含むため、「1」の出現度数が高くなることも考慮したい。

「2」は外交的手腕を発揮する数字。しかし、協調性をたいせつにするあまり決断力にかけ、チャンスを逃がすこともある。

「7」の欠如は内面的なことへの無関心を、さらに「9」の欠如が世間並みの視野に欠けることを示している。

●数字の多寡がしめす性格傾向

ここで、「1」から「9」までの数字の頻出と欠落について概略を述べておきたい。対象となるのはライフナンバー、ネームナンバー、デスティニーパターン、ハートナンバー、生年月日と名前（ローマ字）を構成する数字、さらに母音数、子音数などである。数字の出現の有無と多寡が性格を特徴づける要素となる。

出現する数字が多ければ、その数字の影響も当然つよくなる。しかし多すぎたり、逆に一度も現われない数字は欠点になることもある。特定の数字が偏在する場合、プラスとマイナスの二面性をもつので、一般的には、偏りの少ない数字分布が無難とされる。

▼多く出現する数字の傾向

1）独創性に富み推進力となるが、外面を気にする。ブランド指向。
2）外交手腕発揮。協調性がありムード派。熟考のあまり優柔不断。
3）社交家で楽観的、表現力もあるが、あれこれし過ぎて損することも。
4）健康で実務能力に恵まれたハードワーカーだが自説を曲げない。
5）自由で適応力があり異性にも魅力を発揮する。計算は速い。
6）愛と理想に生き美学的才能を発揮するが人間関係で悩むことも。
7）分析力大。寡黙で完全主義者だが現実的な処理でつまづく場合も。
8）実務的な判断力があり意欲的に仕事に取り組む。物質運もある。
9）憐(あわれ)み深く理解力がある。使命感あふれる博愛主義者だが闘争本能も。

▼欠落している数字の傾向

1）士気、独立心、独創性の欠如。エゴイストでなまけもの。
2）組織への配慮なし。自分勝手で協調性に欠ける。
3）忍耐力弱くおこりっぽい。想像性にかけ劣等感がつよい。
4）仕事嫌い。集中力、適応力、忍耐力に欠ける。
5）変化をきらう。好奇心がほとんどなく旧来の事物にこだわる。
6）理想をもたず義務感にも欠ける。無責任。
7）物事を見極めようとしない。内面的なことに無頓着で感覚は鈍い。
8）金銭の出入りが激しく、とりこし苦労も多い。
9）了見狭く配慮に欠ける。他人の目に鈍感。

●名前からわかる行動特性

人間の行動は、いくつかの特徴的なパターンに分類できる。身体型、感情型、精神型、直感型の四つがそれだ。それぞれの型にあてはまる数字を示すと、

身体型・・・「4」、「5」
感情型・・・「2」、「6」、「3」
精神型・・・「1」、「8」
直感型・・・「7」、「9」

一例として、史上最多45回の幕内優勝を飾り、モンゴルから帰化して親方株を取得した第69代横綱・白鵬の場合はどうか。

H（8）
A（1）
K（2）
U（3）
H（8）
O（6）
―――――――――
28 → 2+8 → 1

シコ名をもとに算出すると、「1」が一つ、「2」と「3」がそれぞれ一つ、「8」が二つある。「1」と「8」があるので精神的なものに行動の基準がおかれてはいるが、「3」「6」など感情型の数字もある。「7」と「9」の欠落から、知性よりもからだで勝負するという傾向が読み取れるが、ネームナンバーは精神型の「1」。体力もさながら、意志強固でカッコよさを求める。しかし、心身両面でトラブルは絶えない。

●一生運デスティニーパターンの求め方

私たちの一生は、存在の根拠となる生年月日と、個体を識別する名前という要素に支配されている。人間の一生の運命は、おおむねこの二つの数字の組み合わせによってきまる。

デスティニーパターン（DP）は、いわば名前と生年月日のベクトルである。生涯を通じての運勢、つまり一生運を表している。デスティニーパターン（DP）は、ライフナンバー（LN）とネームナンバー（NN）の合計により求められる。

ふたたびカズ子さんを例にもどると、

ライフナンバー（LN）……6
ネームナンバー（NN）……8
→ 6＋8＝14、1＋4 →5（DP）

したがって、「5」がカズコさんのデスティニーパターンということになる。

デスティニーパターンは、人生がどのように完成されてゆくかを決定する数字で、成長にともなって一定の影響力をもつ。この数字は、行動パターンを予測する場合などに有効で、未婚女性の場合は、改名後のネームナンバーを求めれば結婚後の運命を予測することもできる。

●デスティニーパターンの解釈

▼デスティニーパターン「１」をもつ人の一生運

成功を信じてマイウエイをすすむ。人をリードする立場になるが、支配的な面が出過ぎると孤立する。ひとりよがりにならないよう人間関係に注意すること。

▼デスティニーパターン「２」をもつ人の一生運

人とうまくやるのが何よりという人生だ。心配性だが、目上の協力と努力で起業ベンチャーも可能。美的感覚は鋭いが決断力に乏しい。頼りになる人間が必要。

▼デスティニーパターン「３」をもつ人の一生運

社交的な人生に向かう。表現力をうまく生かし、人によろこばれる仕事を全うすること。誠実で多彩な才能があるが、サービス精神を発揮しすぎると他人の犠牲になる。

▼デスティニーパターン「４」をもつ人の一生運

責任感がつよく堅実、ハードワーカーだ。実務能力が買われ、ビジネスの世界に生きる。自分の習慣にこだわると、人づきあいの障害になることも。

▼デスティニーパターン「５」をもつ人の一生運

活動的。自由と変化を求めて気ままに生きる。旅行や芸術への興味も活発で、異性をひきつける。金銭感覚が鋭く、相場には敏感。

▼デスティニーパターン「６」をもつ人の一生運

ロマンチスト。理想を求めて努力するが、おせっかいがタマにキズ。家庭を愛し、地域活動にも積極的だ。決断力が買われて何かと責任をもたされることに。

▼デスティニーパターン「７」をもつ人の一生運

内面的な平和を求めて個人主義を貫徹する。直感にすぐれているが、宗教家や芸術家、哲学者などに惹ひかれ陰遁することも。現実的な処理能力に欠けるのが弱点。

▼デスティニーパターン「８」をもつ人の一生運

タフで現実に即した判断能力をもつ。感情面だけで問題を処理する傾向があるので、人間関係にいきづまると破壊的になりやすい。

▼デスティニーパターン「９」をもつ人の一生運

博愛的で自分の信念に生きる。医療など人に役立つ仕事に従事する傾向がつよい。海外に縁があるが、狭い考えに囚とらわれると孤立する。

▼デスティニーパターン「１１」をもつ人の一生運

持ち前の精神的な洞察力により専門分野をきわめると大成する。使命感に生きるが、現実と理想のギャップに挟はさまれ誤解が生じることもある。

▼デスティニーパターン「２２」をもつ人の一生運

親分肌で指導力を発揮する。理想を現実に移す行動力があるので、教育者や実業家に向いている。気配りに欠けることもあるが悪気はない。

●衝動運ハートナンバー

ハートナンバーは、本人だけが自覚する内面的な衝動と潜在的な欲求を表している。態度や行動に隠れた影響力をもつのが、この数字である。ハートナンバー（ＨＮ）は、誕生した月と日の数字を足し上げて一桁の数字にすれば求められる。

カズ子さんの誕生月日は９月３０日だから、

９　＋　３０　→　３９　　　３　＋　９　→　１２
１　＋　２　→　３（ＨＮ）

カズコさんのハートナンバーは「３」となり、多彩で快活な生き方をしたいという内面的な欲求が読み取れる。

次にハートナンバーの数意について、概略を記しておこう。

●ハートナンバーの解釈（ＨＮ）

「1」・人からよく見られたいという気持ちがつよくカッコよさを求める。
「2」・誰かに頼りたいという安全願望があり気分に支配されやすい。
「3」・多彩な経験を求める。エピキュリアン（快楽主義者）指向。
「4」・意志強固、まず筋をとおすことが身上。
「5」・好奇心つよく変化を好む。勝負運があり大胆な行動も。
「6」・ロマンティスト。政治力があり異性に対する関心はつよい。
「7」・自己の内面に注目し、哲学、宗教など精神的な価値を追究する。
「8」・即物的な欲求がつよく人には支配的な態度をとる。
「9」・同情と奉仕の精神にあふれる社会派だが闘争的な一面も。
「11」・直感にしたがって精神面での開拓者を指向。孤立無援となるもくじけない。
「22」・人々を教導したいという大きな野心をもつが自分本位。

●年運数とその求め方

一年間の運勢、年運は、予測の対象となる年の数字とハートナンバー（HN）の合計により算出できる。年運を支配する数字がわかれば、あらかじめ心の準備をしてチャンスをつかむだけだ。

年運数を求めるには、生まれた月と日を足して一桁の数字（ハートナンバー）に、予測の対象となる西暦年を足して単数化すればよい。

カズ子さんのハートナンバー（HN）は「3」であったが、これに対象となる年（西暦）の数字を足すと年運数（HAN）が出てくる。 そこで、西暦２０２２年のカズ子さんの年運は、

2＋2＋2　→　6　（予測する年）

この数字にカズコさんのハートナンバー「3」を足すと、

6＋3　→　9　……これが２０２２年におけるカズ子さんの年運数だ。「9」は新しいスタートに向けての締めくくりの数字ともいえる。つまり、身辺整理にふさわしい年回りとなるだろう。

●年運数の解釈

年運数（HAN）の解釈は次のとおり。

▼年運数「1」の年の運勢

この年は、今までとちがった新しい環境が支配するはずだ。人間関係も変わる。家族の誰かが独立して離れたり、サラリーマンなら新しい部署へ異動することがあるかもしれない。いずれにしても、変化は向こうからやってくるので、十分な心構えが必要である。

▼年運数「2」の年の運勢

身の回りの変化が一段落して、わりに平凡な年になりそうだ。仲間と協同してやる仕事には成果が期待できるが、感情に走りやすい傾向が出ている。決心には慎重さが要求される。全体的には穏やかで、大過なく日々をおくる。

▼年運数「3」の年の運勢

社交運は旺盛。とにかくチャンスに恵まれていて、動き回る年になる。レジャー運も上々。仕事面では増収も期待できそうだが、交際費など出費は増える。公私を問わず人間関係が大きなウエイトを占めるも、働きすぎて故障しないように。

▼年運数「4」の年の運勢

ターニングポイントにさしかかる前に足元をしっかりと固めておくこと。思わぬ変化が待ち受けているかもしれない。スランプに陥って撤退を余儀なくされたり、あるいは組織を離れて独立することもある。貯蓄や建築にはよい時期である。

▼年運数「5」の年の運勢

良くも悪くもこれまでの結果が世の中に出る年回りだ。サラリーマンは単身赴任や海外出張など家族と離れることがある。女性には出産の暗示がある。変化の気配がつよく、異性関係など思わぬことが表面化する。論争や訴訟沙汰には注意すること。

▼年運数「6」の年の運勢

出番は少ないが、家庭や職場の人間関係では責任と協調性を要求されて荷が重くなる。しかし、世話事で思わぬ収入を得ることもある。注意は怠れないが、年の後半には展望が開けてくるだろう。病気にかかったら早目に医者に診てもらうこと。

▼年運数「７」の年の運勢

運命の方向づけが見えてきて、すでに難関を克服してきた人には発展の兆きざしがある。新しい段階へ脱皮する年だが、逆に挫折する場合もあろう。古い問題が新たに持ち上がり、家族、部下など身の回りが変化に見舞われることも。

▼年運数「８」の年の運勢

人脈を拡大して信用をつけるなど、ビジネスマンには恵まれた年。周囲は好意的になり予想も的中する。しかし、この年は破壊運を内在しているので事業は拡大すべきでない。まずは、継続中の仕事の完成を目指すこと。努力を怠るとチャンスを逃す。

▼年運数「９」の年の運勢

総決算となるべき年だ。これまで抱えてきたさまざまな問題の処理、解決に時間を費やすだろう。自分が主導する場面が出てくるし、よい結果も得られるので精神的には恵まれる。しかし、家族や親類のことでは心配事をかかえるかもしれない。

「陰極(いんきわ)まれば陽(よう)に転ず」、といわれるように、物事は陰陽が交代しながら一定の周期で動いている。人生も波のような周期現象だから、よい時もあれば悪い時もある。どんなときでも、うまくリズムをとらえて波に乗ることがたいせつだ。なお、年運数が「１」「４」「６」の年は、病気や事故に注意すること。

●月運数とその求め方

年運数（ＨＮ）の求め方とその解釈についてはすでに説明したとおりであるが、月運数はさらに細かく、月単位で運勢を予測するものだ。

月ごとの運勢を司る数字、月運数（ＨＭＮ）を算出するには、予測しようとする月に年運数（ＨＡＮ）を足して単数化すればよい。

もし年運数が「６」で、その年の７月の運勢をみる場合は、

６（年運数）　＋　７（予測月）　＝１３　→　１　＋　３＝　４

月運数（ＨＭＮ）は「４」となる。

●月運数の解釈

月運数（HMN）それぞれの数意を次に示す。

▼月運数「1」の月の運勢

新しい事業への着手、入学や結婚、引越や単身赴任など、身辺が慌ただしくなりそうだ。心機一転、機会には恵まれるが幸運は努力しだい。孤軍奮闘のため、人間関係には慎重さが必要。できるだけむだな論争をさけること。

▼月運数「2」の月の運勢

先月に蒔まいた種が芽をふく。事業の着手は仲間といっしょか、むしろだれかに任せたほうがいい。家族や人間関係に変化が起こりやすい月だ。感情的な問題で人と争い、神経を消耗することがあるかもしれない。細かいが出費は多くなる。

▼月運数「3」の月の運勢

社交運があり、いろいろと忙しく動きまわる月である。パーティや音楽会など、会合や打ち合わせが多くなり賑やかだ。昔の友人とばったり出会ったりすることがあるかもしれない。

▼月運数「4」の月の運勢

思いどおりにならないからといって投げ出すこともできない。とにかく自分で切り抜けるしかないのだから、一生懸命やってみよう。ビジネス面では予期せぬ障害が出ることがある。日頃の健康管理にも気を配ろう。

▼月運数「5」の月の運勢

白黒の決着をつけなければ済まない月で、問題処理を迫られる。サラリーマンは離職の危機もあるから要注意。

争い事がこじれて法廷へ持ち込まれることもある。移動運がつよいが、組織ではあなたの存在がクローズアップされる。

▼月運数「6」の月の運勢

一匹狼はゆるされない月だ。なにかと他人の面倒をみるなど責任をとらされる。しかし、それなりに収入もあるから悲観することはない。家庭運はきわめて良好だ。体力を過信せず、この機会にフィットネスにはげむのもよいだろう。

▼月運数「7」の月の運勢

挫折(ざせつ)運と飛躍運が交錯しているが、いずれにしてもこれまでの行動の結果が現れる。トラブルに直面しても、堅実さと着想で勝負しよう。ギャンブルでは思わぬ金運に恵まれることも……。

▼月運数「8」の月の運勢

財運はあるが、注意を怠るとすばらしいチャンスを逃してしまう。気をそらさず、地道な努力を惜しまないことだ。成功は身近にあるが、快楽を求めるのはしばらく控えよう。

▼月運数「9」の月の運勢

目的が達成されたかどうか、その成果が評価される。したがって、がむしゃらに邁進(まいしん)する時期ではない。

新しい段階に向けて策をめぐらせ準備することだ。金運はないが、インスピレーションは冴(さ)えている。

なお、月運数が「1」「4」「5」「9」のときはイベントが多く、忙しく動き回ることになるだろう。

●月運リズムの年間予測

月運について、もうすこし長期的に展望してみよう。年運数をもとに、1年間の月運を各種の記号で表したものがこれだ。

なお、記号の意味は次のとおり。

o　………積極的な行動が要求されるが、感情面では忍耐をしいられる。
--- ………気分はラクだが「やる気」は落ちる。活動する場面は少ないのでムリしないこと。
＋　………気持ちが高ぶり、とくに月の後半は衝動的になりやすい。
*　………外部の影響が支配的となる。
=o=o=…2ヵ月にわたって影響。最初の月では旅行など外面的な活動が予想されるが、月が変わると新たな事業に向けて思索を錬りはじめる。

---.--- ……物事がたしかな手ごたえで進む。わりに幸運な二ヵ月だ。
(　) ……金運に関係。収入もあるが支出も増える。
+.+.+……あれこれと忙しく動き回るのがこの期間の特徴。
=+=+=…自分自身の変化に気がつき、周囲もそれを認知する。

◆年運数＝1

			＋＝＋＝									
		+.	＋			---. ---						
o=o									＝o＝		+.	+.
		o	---				＋	*			o	---
MONTH	1	（2	3）	4	5	6	7	8	9	10	(11	12)
(月運数)	2	3	4	5	6	7	8	9	1	2	3	4

◆年運数＝2

					＋＝＋＝							
	=o=		---. ---					+.	＋	=o=o		
			o	---				＋	*			o
MONTH	（1	2）	3	4	5	6	7	8	9	(10	11)	12
(月運数)	3	4	5	6	7	8	9	1	2	3	4	5

◆年運数＝3

						＋＝＋＝						
		+.	＋			---. ---.					+. +. +	
	*	=o=		o	---				＋	*	=o =o	
MONTH	1	2	（3	4）	5	6	7	8	9	10	11	(12)
(月運数)	4	5	6	7	8	9	1	2	3	4	5	6

◆年運数＝4

			+. ＋				＋＝＋＝					+. +. +
	＋	*	=o=		o	---	---. ---			＋	*	o=o
MONTH	1	2	（3	4）	5	6	7	8	9	10	11	(12)
(月運数)	5	6	7	8	9	1	2	3	4	5	6	7

◆年運数＝5

	1	2	3	4	5	6	7	8	9	10	11	12
	+=+				o = o			=+	=+	=		
			---.	---				+.	+			
		+	*			o	---				+	*
MONTH	1	2	3	4	5	6	(7	8)	9	10	11	12
(月運数)	6	7	8	9	1	2	3	4	5	6	7	8

◆年運数＝6

	1	2	3	4	5	6	7	8	9	10	11	12
+	=+	=+							+	=+ =	+	
						---.	---					
		+.	+		=o=						+.	+.
			+	*			o	---				+
MONTH	(1)	2	3	4	5	6	7	8	(9	10)	11	12
(月運数)	7	8	9	1	2	3	4	5	6	7	8	9

◆年運数＝7

	1	2	3	4	5	6	7	8	9	10	11	12
=+	=	+ =								+	=+ =	+
				+.	+	=o=		---.	---			
				+	*			o ---				
MONTH	(1	2)	3	4	5	6	7	8	9	(10	11)	12
(月運数)	8	9	1	2	3	4	5	6	7	8	9	1

◆年運数＝8

	1	2	3	4	5	6	7	8	9	10	11	12
		=+	= +								=+	= + =
	+.	+			---.	---	=o=		+.	+.	+	
	---				+	*			o	---		
MONTH	(1	2)	3	4	5	6	7	8	9	(10	11)	12
(月運数)	9	1	2	3	4	5	6	7	8	9	1	2

◆年運数＝9

	1	2	3	4	5	6	7	8	9	10	11	12
			+	=+ =	+							+ = + = +
			+.	+			---.	---	=o=			+. +. +
	o	---				+	*			o	---	
MONTH	1	2	(3	4)	5	6	7	8	9	10	11	(12)
(月運数)	1	2	3	4	5	6	7	8	9	1	2	3

●年代別の特徴をあらわすピナクル

人生には節目があり、谷もあれば山もある。その山の頂上（ピナクル）は「９」年毎に移動するが、「各年代を支配する特徴」はあらかじめ算出することができる。まず、「３６」からライフナンバー（ＬＮ）を引いた数字が、人生の初期のステージが完結する年齢を表している。その年齢にいたるまでの期間と、それ以後「９」年ごとの特徴を代表する数字が、ニュメロロジーでピナクルと呼ばれているものである。

①最初に出現するピナクルは、誕生した月と日の合計数を単数化したものだ。
②次のピナクルは、誕生した年と日の合計数を単数化する。
③さらに、上記から算出された二つの数字を足す。これが三つ目のピナクルだ。
④最後のピナクルは、誕生した年と月の合計を単数化したものである。

それでは、１９８３年9月３０日生まれのカズ子さんのピナクルを診断してみよう。カズ子さんのライフナンバー（ＬＮ）は「６」なので、

「３６」－６（ライフナンバー）＝３０

したがって、３０歳を起点とするそれまでの期間が、カズ子さんの人生における最初のステージだ。以後は9年きざみのステージとなる。

１）３０歳まで・・・・３（月と日の合計、9月３０日から算出）
２）３１－３９歳・・・６（１９８３年と３０日から算出）
３）４０－４９歳・・・９（3+6、上ふたつの数字の合計から算出）
４）５０歳以降　・・・３（１９７４年と9月から算出）

さて、四つのピナクルをもつ人生サイクルだが、これに対応する数字の意味は以下のとおり。

「１」自立する時期。環境は変化するがマイペースを守って積極的に。
「２」人との協調がたいせつ。孤立しないこと。外交が鍵を握る。
「３」文学や芸術、社交と娯楽に恵まれる。友情も良好だが出費は増える。
「４」将来にそなえて実務的な力が要求される。建設、貯蓄は吉。
「５」旅行など自由で変化の多い体験的な時期。争い事は避けたほうが無難。

「６」成人であれば一家をなす時期で責任も生じる。家族や親類にも関係。
「７」内省と孤独の時期で精神的なものにひかれる。専門を深めること。
「９」努力とすぐれた判断でビジネス運は良好。地位もアップする。
「10」事業や人間関係に失望することもあるが、人生に理解を深め調和の精神を学ぶ。
「11」理想の実現に向かう時期。子供の独立、新事業の発展もありうる。
「22」スケール拡大で指導力を発揮。国際的に認められる可能性も。

３０歳までのカズ子さんは、ピナクルが「３」ということで「文学や芸術、社交と娯楽に恵まれる」。

３１歳から４０歳の年代ではピナクルが「６」で「家庭をもうける時期」、つまり婚期にあたる。

なお、人生の最初のサイクルでは誕生日の数字（パーソナルナンバー）の影響がつよく、しだいに誕生月の数字に移行、熟年以後は生まれた年の影響がつよくなることがわかっている。

●年回りの吉凶

俗に男の厄年は四十二、女は三十三といわれている。厄年は一般的に、体が変化する節目なので何かと障(さわ)りがある、とされるが、「４２」も「３３」も根数は「６」である。

4＋2→6　　　3＋3→6

そこで、厄払いで有名な大阪の吾彦(あびこ)観音と泉州の水間(みずま)観音の厄年表を点検してみた。それが下の表である。厄年（数え年）を根数になおし、大厄を●、中厄と小厄を▲で示している。

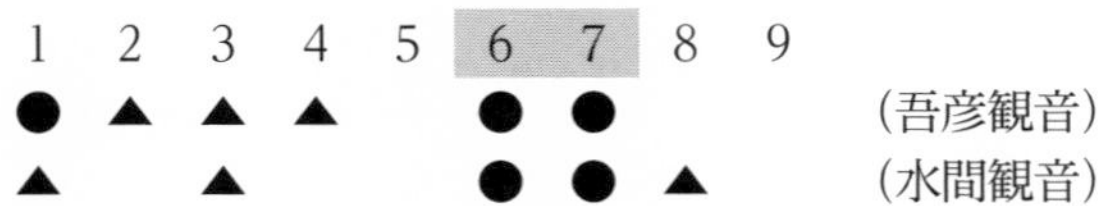

1	2	3	4	5	6	7	8	9	
●	▲	▲	▲		●	●			（吾彦観音）
▲		▲			●	●	▲		（水間観音）

この表にしたがえば、数え年の根数が「６」と「７」に当たる年が警戒数の最大となっている。西洋の数占いでは「４」と「７」が挫折運を表すが、「厄年」には、満年令と数え年のちがいもあり地域差もあるだろう。したがって、無印の「５」と「９」

といえども安心はできない。ただ、日本古来の言霊の数理では「５」と「９」は吉数とされている。

●人生の波動を知る秘術

人生行路の吉凶禍福の波動がわかれば、あらかじめ無理を避けて忍耐する心構えもできる。そこで、年運を知るためのもうひとつの方法を紹介しよう。人生波動の解明は多くの易者たちによって試みられてきたが、元丹生(にう)川上神社の宮司、宇佐見景堂氏が発案したものは的中率が高く、日本古来の数霊術と整合性をもつように思われた。その方法について簡単に述べたい。まず名前に含まれる母音を数値化して合計する。そこから音拍（モーラ）数を引き算した数値が基本数だ。もし二桁になれば合計して一桁の根数にする。ここで使う母音の数値は次のとおり。

「ア」行・・1
「イ」行・・5
「ウ」行・・3
「エ」行・・4
「オ」行・・2
「ン」・・・1

たとえば、ヤマトタケルという名前を数値化すると、

1）ヤ・・・1
2）マ・・・1
3）ト・・・2
4）タ・・・1
5）ケ・・・4
6）ル・・・3（+

12（合計）
-）6・・・・・・音拍（モーラ）数

6（基本数）

人間の運命は９年を１サイクルとして繰り返す。この９年間の波動をつかみ現在運を知ることは、危険を避けるためにもきわめて重要であるが、宇佐美氏による現在運

の診断法は、名前から求めた「基本数」に「数え年」の年齢を加え、さらに紀年（皇紀、神武暦）の数字を加える。紀年の計算は、［西暦＋６６０］である。

次の例では数え年を２０歳、西暦２００４年とした。なお「数え年」とは、生まれたときが１歳で、年があらたまるごとに年齢を重ねていくという日本独自の数え方であるが、胎児期の１年を加えているので合理性がある。

	運命の基本数	6	(6)
	年令（数え年）	20	(2)
+）	紀年	2664	(9)
		6+2+9=8（現在運の数霊）	

現在運が「８」、これは９年リズムのどの位置にあるのだろう。運命サイクルは次の波動で表される。

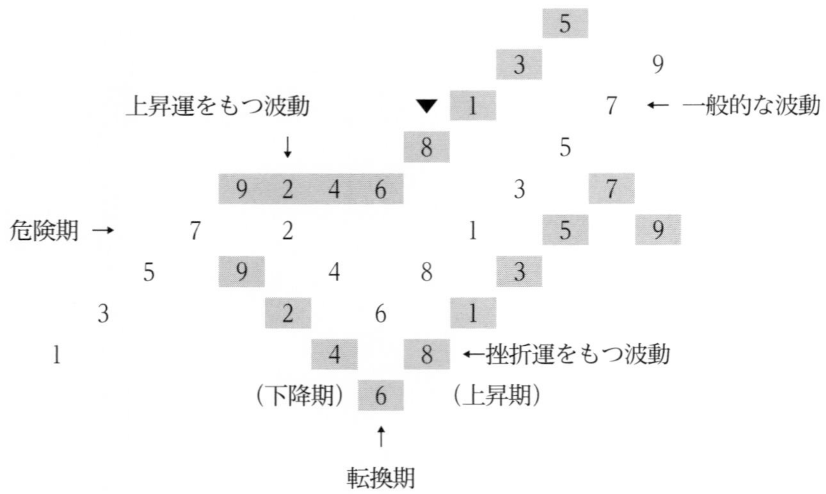

運命基本数「６」をもつヤマトタケルの現在運は、皇紀２６６４年（西暦２００４年）では「８」の位置（▼印）にある。すでに“どん底”を克服して上昇期にあることがわかる。日本の数霊学では「８」を吉祥数としているが、この数字には破壊の象もあり注意を要する。一般的な波動では「９」を頂点とした曲線となるが、「７」の

年で挫折すると発展運を失い低迷する可能性のあることを、この図は示している。

現在運が下降期にある人は、忍耐強く努力して、やがてやってくる上昇期に備えるのが賢明だろう。上昇期にある人は、出過ぎたことをしないなど節度をもつこと。また転換期には、体調や人間関係の変化にも注意したい。

名前を数値化する場合には音便、音拍を考慮しなければならない。たとえば「ン」は一拍と数え、音価は「1」として換算する。一例として、

「金太郎」の一般表記・・キ　ン　タ　ロ　ウ
音拍単位の表記・・・・・キ・ン・タ・ロ・オ
母音を抽出・・・・・・・イ　△　ア　オ　オ
数値変換すると・・・・・2　+1　+1　+2　+2　=9

この数字に紀年数を足して音拍（モーラ）数を引くと基本数が算出できる。

●ナンバースコープによる年運サイクル

地球の自転が昼夜を、また公転が四季をつくるように、ヒトの一生も最大公約数的にみれば9年周期の波動をもっている。

つまり、上昇と下降の波を繰り返すのだ。現在の自分の位置について知ることは、よりよい未来を築くためにも、思わぬ困難を避けるためにもたいせつである。

わたしは、人生のリズムを単純化して分かりやすくするため、次のような図を考案した。これを見れば、自分が今、どの位置にいるのか一目でわかる。

つまり、自分の年運数（HAN）が図のどの位置にあるかを見ればよいのである。

```
                         ○
                   *           *
             *                    *                                          *
9 →   1 →   2 →   3 →   4 →   5 →   6 →   7 →   8 →   9 →   1 →   2
*                                   *                     *
                                      *             *
                                               *
                                         ●
```

（数字は年運数）

年運のリズムを大雑把（おおざっぱ）に見れば、「１」は新生期、「２」は成長期、「３」は活動期、「４」は自立期、「５」は変動期、「６」は耐久期、「７」は改革期、「８」は殖産期、「９」は決算期となる。年運数（ＨＡＮ）が１-２-３の位置にあるときは積極的に物事を進めることができるが、４-５-６では注意が必要だ。７-８-９で方向が定まり運勢は上昇へと向かう。

年運が「４」と「６」の位置にあるときは転換期で、なにかと気苦労が多く見込み違いも生じやすい。

したがって、将来の飛躍に向けて足場固めをしたい。最も不安定となる「５」の期間では、暴走を避け、ひたすら忍耐してチャンスに備える心構えが必要だ。準備さえ整えば、イチかバチか、一発勝負に賭けることもできる。

さて９年サイクルで循環する運勢波動だが、結婚や就職など人生の大きな転換期は年齢の根数とライフナンバーが一致する年に多い。

たとえばライフナンバーが「６」の人であれば、転換期の年齢は１５、２４、３３、４２、５１……となる。さらに１８、３０、４８などライフナンバーの倍数にあたる年齢も、ターニングポイントとなる可能性が高い。

●あなたのラッキーイヤーは……

いつ自分に幸運がやってくるか。これを予知するには、パーソナルナンバー（ＰＮ）を用いる。生年月日の「日」にあたる数字がこれだが、二桁の場合は足して単数化した数字となる。

さて、あなたのラッキーイヤーは……。

（ＰＮ）

１　→　２０２６年、２０３５年
２　→　２０２７年、２０３６年
３　→　２０２８年、２０３７年
４　→　２０２９年、２０３８年
５　→　２０２１年、２０３０年
６　→　２０２２年、２０３１年
７　→　２０２３年、２０３２年
８　→　２０２４年、２０３３年
９　→　２０２５年、２０３４年

※左の数字はいずれも西暦の根数で、「パーソナルナンバー」（ＰＮ）と同じ一桁の数字となっている。

誕生した日が「１５日」（1＋5→6）であれば、「6」のところを見ればよい。そうすれば、２０２２年とか２０３１年が幸運な年回りになることがわかる。

どんな不運な人でも、9年に一度はかならずチャンスがめぐってくるから楽しみにしておこう。

ミロク

●変身したユーミン

すこし古いが、ここでいくつかの診断事例を紹介しよう。女性にとって結婚は人生最大のターニングポイントだが、ユーミン（松任谷由実）の場合も例外ではない。そこで旧姓、アライ　ユミさんの性格と運勢を占ってみると……

まず呼び名をローマ字で書き、それを数字に変換して集計する。

１　１９　　３　９　→　１＋１＋９＋３＋９　→２３→３＋３→５（母音数）
ARAI　YUMI
９　９　７　４　　→　９＋９＋７＋４　→　２９→２＋９→１１（子音数）

５　＋　１１　→　７（ネームナンバー）

母音の合計数は内面的な願望や野心をあらわし、子音の合計数は外見や印象をあらわす。さらに、そのふたつの合計数は態度と行動を示している。

内面的な衝動（母音数、NV）＝５（好奇心のまま自由にしたい）
外見の印象（子音数、NC）＝１１（才能ゆたかで人をリード）
態度、行動（ネームナンバー、NN）＝　７（内面的平和を求め直感的）

そして結婚後は、

１　　３　６　１　　３　９　　→　５（NV）
MATSUTOYA　YUMI
４　２１　２　７　　７　４　　→　９（NC）

５＋９　→　１４　→　１＋４　→　５（NN）

内面的な衝動（NV）＝５（好奇心のまま自由にしたい）
外見の印象（NC）　＝９（寛容な精神と理解力）
態度、行動（NN）　＝５（自由で多彩、異性に魅力を発揮）
さらに、生年月日を合計して単数化すると、ライフナンバーが求められる。

昭和２９年（１９５４年）１月１９日
→　１＋９＋５＋４＋１＋１＋９
→　３０　→　３（ＬＮ）

ライフナンバー（ＬＮ）は、先天的な性格と素質をあらわす。

「３」（ＬＮ）……活動的で自己表現に長(た)ける。タレント、芸術家タイプ。

誕生日はそのままパーソナルナンバー（ＰＮ）として用いる。したがって、

「１９」（ＰＮ）……わがままな面と寛容な面の両極端をもつ。多方面への才能を発揮。

潜在的な欲求、衝動運（ハートナンバー）は誕生月日の合計だ。そこで、

１月１９日　→　１＋１９＝２０　→　２　となる。

「２」（ＨＮ）……誰かに頼りたいという安全願望があり気分に支配されやすい。

一生運、デスティニーパターン（ＤＰ）は、ライフナンバーとネームナンバーの合計数だ。

５（ＬＮ）＋　３（ＮＮ）→　８（ＤＰ）

「８」（ＤＰ）……財運あり。ビジネス界に生きる。

ユーミンは結婚後、より自由で多彩な活動をするようになった。もともと快活で社交的な性質が解放されたため、個性を一段とつよめビジネス面でも成功したのだ。旧姓のネームナンバーがしめすスピリチュアルな数字「７」はマツトーヤ（母音数１１、子音数７）という姓に保存され、オリジナリティを貫くことができたと推察される。 好奇心のままに生き、自由でいたいという欲求がライフナンバーの「５」に表れているが、「５」は異性に対して魅力を発揮する数字でもある。

寛容な精神と理解力をもつとされる数字の「9」は、外見の印象を表す子音数に出現している。芸能人には、「9」がけっこう多く見受けられるのだ。

●名前は「天の配剤」

年はとってもライブ活動に意欲を見せるなど、音楽、役者、映画監督、評論、絵画とさまざまなことをやってきた泉谷（いずみや）しげるさんのパワフルな活躍ぶりをナンバースコープで追ってみると…

生年月日・・・1948年5月21日
1＋9＋4＋8＋5＋2＋1　→30　→3（ライフナンバー）

```
9   3   9   1       9   5   3
I Z U M I Y A   S H I G E R U
  8   4   7     1 8   7   9
```

9＋3＋9＋1＋9＋5＋3→39　3＋9→12　1＋2→3（母音数）
8＋4＋7＋1＋8＋7＋9　→44　→8（子音数）

3（母音数）＋8（子音数）→11（ネームナンバー）

3（LN）＋11（NN）→　5（デスティニーパターン、DP）

ライフナンバー「3」から、多彩かつ積極的な活動ぶりが理解できるが、母音数も「3」で、タレントとしての資質は充分だろう。ただし「お調子乗り」の傾向は否めない。ネームナンバーは「11」。「自分こそは」という自信と信念の持ち主で、独特のパワーがものをいう。トップにも立つことができる数字であるが、サイキックな一面もある。

ハートナンバーは「8」、子音数も「8」だ。体力も耐久力もあるラッキーナンバーだが、一方「8」は破壊力もそなえ、怒号と孤独、喧騒と静けさの両極をゆらぐ。ロックミュージシャンとなったのも「天の配剤」というべきだろう。

デスティニーパターンは「5」。移り気で束縛をきらう。ライブ活動など、旅行の多い一生運になることが予想される。

●強運の「１１」と「２２」

「１１」と「２２」が特別な意味をもつ数字であることは前に述べた。

すでに故人となったが、かつて大阪にドド・タツローさんという実業家がいた。高齢にもかかわらず異業種交流やベンチャー企業の育成に力を注いでいたが、その活動ぶりをナンバースコープで探ってみた……

生年月日……１９２０年（大正９年）９月９日
1＋9＋2＋9＋9　→３０　→3（ライフナンバー）

「3」（LN）……他人とうまくやれる性格だ。社交的で会話を好み、書いたり話したりすることで才能を発揮する。

6　6　　1　3　6　→　２２（母音数）
ＤＯＤＯ　ＴＡＴＳＵＲＯ
4　4　　2　2 1　9　→　２２（子音数）

２２＋２２　→４４　→4＋4　→8（ネームナンバー）

泉谷しげるさんはネームナンバー「１１」をもつが、ドドさんには「２２」が二つもある。「２２」は指導的な立場を示唆しており、母音数と子音数に表れたダブルの「２２」、つまり「４４」は「１１」のちょうど4倍。身体強靭、意志堅固をも示している。さすが強運、しかも健康体だ。

芦屋市に住むドドさんは、阪神大震災（１９９５年）で生き埋めになった。しかし、5時間後には救出され一命をとりとめたばかりか、その後も脳硬塞やガンなど度重なる難病を次々と克服したのである。

なお、母音数と子音数、さらにネームナンバーを求めるときには姓と名を分けて計算してもよい。その過程で「１１」と「２２」が算出されることもあるからだ。

●自殺したゼッケン「７７」

コロナ感染症拡大のため２０２１年に延期、無観客で実施した２０２０年東京オリンピックの前、1964年の東京オリンピックで、「もう走れません」、と有名な遺書をのこして自殺した銅メダリスト、マラソンの円谷幸吉（つぶらやこうきち）選手の名前を知る人は少ないかもしれない。彼が着ていたシャツのゼッケン番号は「７７」であった。
「７７」（１１×７）には、強運と挫折が混在しており、次の大会ではぜひ金メダルを、という国民の期待が重圧となったことは明らかだ。ゼッケンの番号はそれを予言していたかに見える。変身の数字「7」は、完全をめざす「7」でもあり負けることが嫌いである。結果として、彼は自己の存在に終止符を打ってしまう。
金メダルはとれなくても、円谷選手はマラソン選手としての美学を、死を代償として貫徹したのである。そのことをゼッケンは暗示していたのかもしれない。
ところで、２００３年9月、阪神タイガースを１８年ぶりで優勝に導いた星野監督の背番号も「７７」であった。奥さんとお母さんの死を乗り越えて甲子園で胴揚げされた星野監督であるが、優勝インタビューでの第一声は「あー、しんどかった」。チームを率いる苦労とともに、内なる苦悩が見事に吐き出されている。
阪神タイガースは、最下位を脱出して２年目に大変身を遂げた。これも、「７７」という数字の“マジック”にほかならない。

●七づくしの七十七歳

１００歳を超えてもタレントとしてＴＶに出演していた双子の姉妹、「キンさん、ギンさん」のネームナンバーは、おふたりとも「7」。しかも平成7年7月7日に喜寿（77歳）を迎えた大正7年生まれ、と「7」づくしだ。

```
  1   9   1     9          →  2（NV）
N A R I T A   K I N
5   9   2     2   5        →  5（NC）

              2＋5  →  7（NN）

  1   9 5     9            →  6
K A N I E   G I N
2   5       7   5          →  1

              6＋1  →  7（NN）
```

このようにネームナンバーがぴたりと一致している。おふたりとも、似たような運命をたどってきたのではないだろうか。

生年月日は１８９２年８月１日でライフナンバーは「１１」、一生運デスティニーパターンは「９」である。「９」は易学でいう「老陽」で、宇宙自然の一切の形象を含む相とされている。いっぽう大阪府泉南市の白谷計七さん（大正７年７月７日生まれ）は、生まれた時間も午前７時すぎで名前にまで「七」がつくという縁起のよさ。七づくしの77歳というわけで、当時のマスコミを大いに賑わした。「７」は節目を意味する数字。困難を克服して変身する幸運の数字でもある。白谷さんには挫折にめげず人生を生き抜いてきた芯の強さが感じられる。

ところで、人類が初めて月へ旅立った日も１９６９年（７）７月７日で、「７」が三つも並んでいる。大きな節目を演出するためか、あるいは偶然にこの日が選ばれたのか知る由もないが、数字の不思議には驚かされるばかりである。

●同じ誕生日の不思議

「生年月日、出生地、血液型がすべて同じ。小学校ではリトルリーグでバッテリーを組み、中学も同窓で時を同じくしてテニスを始めた。高校では柳川の厳しいテニス漬けの毎日で苦楽をともにし、大学も同じ筑波だ。その後、私の米国留学で生活空間の共有がなくなった時期が少しあったが、現在は私がデ杯監督、彼がジュニアの監督と同じ職場にいる」（１９９５．８．２１付日経新聞「交遊抄」より）。

デビスカップ日本チームの元監督、福井烈さんの文章である。

全く別々に育てられた双子が、結果として同じような運命をたどったという記録はあるが、同じ日、同じ地域に生まれた他人どうしもまた同じような運命をもつということを、この文章は物語っている。さらに引用を続けると、「彼と私には家内に気味悪がられるほど奇妙な偶然の一致が多い。まったく別な所で同じ洋服を買ったり（中略）同じ物が食べたくなったり」、また「私の災難を聞きつけて、いてもたってもいられなくなり、深夜にもかかわらず駆けつけてくれた」。「心の痛みまでも同じ周波数で感じ取られるほど」なのだ。

生活スタイルの「鋳型」が、生年月日に刻まれているという格好の事例であろう。

●数字も遺伝するのだろうか

豪州から日本へ来ていた留学生、キャロリンさんにナンバースコープの方法を教えてやると、さっそく自分の家族やボーイフレンドのナンバースコープを算出して持ってきた。

これが、その表だ。

	ＬＮ	ＮＮ
キャロリン	8	1
おとうさん	1	8
おかあさん	1	4
おねえさん	１１	１１
おとうと	8	１１
ボーイフレンド	２２	8

家族や身近な人間のあいだには、目には見えないが特定の数字の糸で結ばれているのだろうか。この表からはそんな印象を受ける。ライフナンバーとネームナンバーの分布に、ただならぬ共通性が認められるからだ。

わたしは以前に自分の先祖の命日をしらべたことがあるが、やはり特定の数字が多かった。そして、奇妙な一致に、数字の霊的な作用を否定することはできないと思った。

●改姓後の運命

通常、女性は結婚すると姓が変わり、その後の運命は新しい名前に支配されることになる。

改姓によって運命がどのように変化するのか。それをあらかじめ知ることができるのも、ナンバースコープのメリットだ。

方法はかんたん、自分の姓を交際相手の姓におきかえるだけだ。ネームナンバーは即座に計算できるし、ライフナンバーとの組み合わせで、将来の生活スタイルについても予測することができる。

カズ子さんには結婚を前提としてつきあっている人がいる。姓はヤマダ。結婚後の運命は、一生運・デスティニーパターンで占うのが手っ取り早い。

ワタナベカズ子さんのライフナンバーは「６」、ネームナンバーは「８」であった。したがってデスティニーパターンは、６ ＋ ８ →１４ → １ ＋ ４ →「５」となる。

姓がヤマダに変わると……

1 1 1 1 3 6 → 13 → 4 (NV)
YAMADA KAZUKO → 4 (NN)
7 4 4 2 8 2 → 27 → 9 (NC)

ネームナンバー（NN）は「4」に変化するので、デスティニーパターンも「1」となる。

6（LN）＋ 4（NN） → 10 → 「1」(DP)

活動的で自由な生き方をしてきたカズ子さんの性格は、結婚により自己中心的な面がつよくなると予測される。結婚相手との相性については、「ソロモンの七角形」(29頁）も参照していただきたい。

●画数にこだわる「姓名判断」

出産（誕生）のあとには「名づけ」という通過儀礼が待っている。名前には意志や希望がこめられており、人生の羅針盤ともなっている。だから親たちの責任は重大だ。

「名づけ」には社会の流行現象が反映する傾向があるが、子どもができたら巷の書店に並ぶ「姓名判断」コーナーへ足を運ぶ御仁は少なくない。

戸籍に書かれる名前は漢字とカナで登録されるが、文字には画数がある。いわゆる「姓名判断」は、文字の画数や配置により運勢を判断するという試みであるが、「画数」という数字にこだわる点では、本書「言霊予知術」（ナンバースコープ）と共通している。また多くの占いに見られるように、「陰」（偶数）と「陽」（奇数）にもこだわっているが、名づけの結果について検証するにはかなりの時間を要すると推測されるので、ここではふれないでおこう。ただ、「画数」を優先することで、漢字本来の意味が無視されることもある。また、現在使われている漢字には、いわゆる略字も少なくないので、当然ながら画数も変化するので注意が必要だろう。

古代、「漢字」が創作された場所はいわゆる中国大陸であるが、現在の中国語の中核をなす「漢字」の多くが簡略字となっていることも指摘しておきたい。

●改名で運勢をひらく

ライフナンバーは、運命の鋳型をつくる基本的な数字である。しかしライフナンバーは一生涯変わることはない。ネームナンバーも同じく重要な数字であるが、こちらは後天的なもので、やろうと思えば変更することもできる。名前は、職業とも密接につながっているから、芸名やペンネームをつけて新しい人生にチャレンジするのも一案だろう。ただし、周囲の人々から認知されなければ、改名の効果は現れない。人生に躓(つまづ)いて改名する人は少なくないが、これも名前の影響力が大きいことの裏返しと考えられる。もし名前を変えることで運命が好転するのなら、思い切って変えてみよう。昔は、幼名や元服(げんぷく)してからの名前とか、出世に応じて名前も変えていった。「はまち」(ブリ)のように成長に応じて名前の変わる魚もいる。名前は、それをもつ人の分身、あるいはその人自身ともいえる。「名は体を表す」。つまり存在を証明するものであるから、たいせつにしたい。

●ライフナンバーとネームナンバーの組み合わせ

ライフナンバー(LN)は、生まれたときに決まる個人の先天的な素質を、いっぽう、ネームナンバー(NN)は後天的な社会的能力を表している。ネームナンバーは、態度や行動に大きな影響力をもつから、職業にも関連してくる。芸名やペンネームを含め、名付けに大金を費やす人がいるのはそのためだ。 西洋のニュメロロジーでは、ライフナンバーとネームナンバーが同数であることを最善としている。しかし、経験的にみると、それは必ずしも好ましい結果にはなっていないようだ。同数の重ねは強運だが、協調性に欠けるなど敬遠されることもあるからだ。

ライフナンバーとネームナンバーは、互いに補完的なはたらきをするのが望ましい。人の和をたいせつにする日本の社会ではなおさらである。たとえば、「ライフナンバー」に財運がなくても「ネームナンバー」にはそれがあるとか、バランスが肝腎だ。このバランスが悪い場合は、名前の読み方(呼び方)を変えてしまえばよいのである。

●名前の読みは登録不要

親がつけたのだから名前を変えるなんてとんでもない、と反対する人もいるが、呼び名を変えるだけなら抵抗は少ないだろう。ナンバースコープでは、とりあえず名前の表記は問題にしない。読み方や呼び方を変えるだけだ。漢字をどう読ませるのか、あるいは人からどう呼んでもらうか、というのがポイントだ。

戸籍に登録された名前は簡単には変更できない、ということは誰でも知っている。しかし、戸籍には文字が登録されているだけで、カナだけの場合はともかく、漢字の読みについては記入する必要がない。つまり、どう読もうと自由ということである。もちろん、芸名やペンネームの登録も不要である。たかが呼び名だが、名前を呼ぶ音波は、その名称をもつ人のライフスタイルや運命までも変えてしまうほどの影響力がある。名前（呼び名）を変えれば、ほとんどの場合ネームナンバーも変わる。したがって、一生運デスティニーパターンも変わるので、自分が目標とする人生のイメージ（数字）に合致するよう、素敵な名前を考えだしてほしい。

●ツキをもたらす名前

ミヤノジュンコさん（仮名）は、大阪北新地でクラブを経営しているが、名前を診断すると……

　9 1 6 　3 　6 　→7（母音数）
MIYANO JUNKO
4 7 5 　1 56 　→6（子音数）

7（母音数）＋ 6（子音数）→ 13 → 4（ネームナンバー）

ネームナンバーは「4」。ハードワーカーで実務能力にすぐれているのがわかる。たしかに、深夜の仕事をテキパキこなす健康的な女性だ。ライフナンバーは「3」、快活で社交運をもつ数字である。しかし、「3」はネームナンバーの「4」と組み合わせがよいとはいえない。快活な傾向、つまり人を楽しませる素質が「4」という実利的な数字で抑えられるからだ。しかもデスティニーパターンは、3＋4→「7」となり挫折運を内在する。そこで、ジュンコをジュンと呼び、人からもそう呼ばれるよう提案した。こうすると、母音数が「1」、子音数が「4」となる。さらにネームナンバーが「5」となり、ライフナンバーとの組み合わせが改善される。社交運が増すばかりか、子音数が「4」となるから、健康運も保持できる。デスティニーパターンは「8」となり、財運もよくなるはずだ。名前をジュンと変えてからのジュンコさんは、以前より美しく活発になった。おかげで店も繁盛しているという。一字だけとったり、文字を読みかえたり……。工夫さえすれば、素敵な人生を創造するチャンスはだれにでも与えられている。

●改名の技術と方法

ライフナンバーとネームナンバーは互いに補助的、補完的にはたらくのが望ましい。ライフナンバーは不変であるがネームナンバーは後天的なもの。もしも、今のあなたが、本来の姿ではないと感じているのであれば、呼び名を変えてみてはどうだろう。 改名は、ちょっとした工夫でできる。

たとえば、さきほどのジュンコ（JUNKO）さんがジュン（JUN）と変えたように「コ」をとったり、反対につけたりする。マユミさんの場合であれば、ユミとかマミとか一字抜いても運命は変化するはずだ。

さらに、清音と濁音を変換する方法がある。たとえば、カズコさんならカツコ、カワダさんならカワタというように。名前は必ずしも漢字で書く必要はないが、漢字をどう読ませるかは自由である。

壱岐（イッキ）さんという建築学科出身の人がいたが、たびたび転居するので落ち着けないということだった。さっそくネームナンバーをしらべると、移動運のつよい「5」だった。そこで、呼び名を「イキ」と変えるよう提案した。このほうが呼びやすいし、名前の読み違いも少なくなるので一石二鳥だ。それからは、引っ越したという話は聞かないし、就職もうまくいったということである。ライフナンバーとネームナンバーの組み合わせ、さらにその合計数であるデスティニーパターンの評価。これが人生設計のポイントとなる。あなたの技術とセンスで、大きな夢を実現しよう。

●正しい呼び名は？

どんな名前をつけても自由だが、いったん命名したら周囲に認知してもらうことを忘れてはならない。新しい名前が効を奏するまでにはすこし時間がかかるだろう。しかし、その効果は、やがて確実に実感できるようになる。

大阪に「国名小劇」というミニ映画館がある。大劇場では見られない名作が上映されるとあってファンも多いが、さて、この映画館は何と呼べばよいのか。

「クニメーショーゲキ」というのが「正しい」読み方だが、音訓入り交じるユニークなネーミングに最初は戸惑う人もいるだろう。

経営者によると、「読みにくい名前は一度覚えると忘れない」。つまり宣伝戦略の一環ということらしい。読みにくいネーミングは、話題づくりの効果もあるようだ。漢字で書いた名前をどう読ませるか。これも工夫のしどころである。

●「姓」の発音による相性判断

姓（頭文字）の第一発音は、その系統の部族の色や出自を示すといわれているが、原典は明らかでない。

しかし、姓（婚家）の「相性判断」に利用できそうなので、ひとまず一覧表を示すことにする。

たとえば「赤井」（あかい）さんと「井戸」（いど）さんの相性は「○」となっているので、まずまずと予想される。

◇ア行（アカサタナ・ハマヤラワ行）の姓

対象となる姓　　　　　「ア」横列・・◎
「イ」横列・・○
「ウ」横列・・△
「エ」横列・・○
「オ」横列・・◎

◇イ行（イキシチニ、ヒミイリ行）の姓

対象となる姓　　　　　「ア」横列・・○
「イ」横列・・◎
「ウ」横列・・○
「エ」横列・・△
「オ」横列・・○

◇ウ行（ウクスツヌ、フムユル）の姓

対象となる姓　　　　　「ア」横列・・△
「イ」横列・・○
「ウ」横列・・◎
「エ」横列・・△
「オ」横列・・△

◇エ行（エケセテネ、ヘメエレ）の姓

対象となる姓　　　　　「ア」横列・・○
「イ」横列・・△
「ウ」横列・・△
「エ」横列・・◎
「オ」横列・・○

◇オ行（オコソトノ、ホモヨロ）の姓

対象となる姓　　　　　　　「ア」横列・・◎
「イ」横列・・○
「ウ」横列・・○
「エ」横列・・○
「オ」横列・・◎

ヤコト

●ＪＲ、ＮＴＴ、ＮＨＫ

かつてＣＩブームに乗ってリニューアルした社名には、カタカナやアルファベットが数多く登場した。社名や商品名も、ナンバースコープで診断するとおもしろい。

一例をあげてみよう。民営化された元国鉄（こくてつ）の呼び名は「ＪＲ」だが、

１９　　1＋9→１０→　1（NN）
ＪＲ

「1」と「9」。つまり独占、首位の数意をもつ「1」と、公共性のつよい「9」の組み合わせだ。ネームナンバーも「1」で、文字どおり日本最大の鉄道会社だが、独占と公共性という相反する性質を内在している。

５２２　　→　9（NN）
ＮＴＴ

自由奔放に動き回る「5」と利用者へのサービスを示す「2」（２２）、そして公共性の「9」。全国に公衆回線をもつ通信事業会社だから、当然といえば当然だが……

５８２　　→　6（NN）
ＮＨＫ

放送という性格からか移動運をもつ「5」と「皆様のＮＨＫ」、つまり従属的な関係を示す「2」。さらに「8」と受信料をはじめとした財源もある。

ネームナンバー「6」は「ＮＩＨＯＮ（日本）」「ＪＡＰＡＮ」と同じ。ＮＨＫはまさしく日本の放送局となっている。

　９　６　　→　6（NV）
ＮＩＨＯＮ
５　８　５　　→　9（NC）
――――――
6（NN）

１　１　　　→　２（NV）
ＪＡＰＡＮ
１　７　５　　→　４（NC）
　　　　　　────
　　　　　　　６（NN）

因みにＮＨＫラジオ第一放送の周波数は「６６６」ヘルツだが、偶然にしてはよくできている。

●「6」に隠された日本の受難

「６」は六角形の籠目（かごめ）紋を連想させる。籠目紋は二つの三角形を上下に重ねたもので、伊勢神宮参道の灯篭（とうろう）にも刻まれている。しばらく前までは、丹後一ノ宮・籠（この）神社の奥宮、真名井神社参道の石板にも刻まれていた。西宮市の市章も籠目紋だが、西宮市の石工が彫ったという説もある。籠目紋がユダヤ人のダビデ紋と似ていることから「日ユ同祖論」に結びつける人もいるが、現代では、ユダヤ人とはいわゆる「ユダヤ教徒」のことだ。聖地エルサレムを追われ各地に移動した原始ユダヤ人と同一ではないことに留意しなければならない。

伊勢神宮が鎮座する「三重」県の由来は、もちろん「三」の「重ね」である。向き合った三角形を上下に二つ重ねた籠目は、もともと魚の鱗（うろこ）をシンボライズした紋章で、海洋民族と関連がある。伊勢、度会（わたらい）郡の地名「磯部（あまべ）」は「海部」と同系、どちらも「あまべ」で海の民であるが、区別するため表記を変えたのだろう。

ところで、四辺形の集合体であるさいころは六面体、塞（さい）の目は六つある。また、最初の仏教寺院「四天王寺」（大阪市）には「六時堂」があるが、「６」という数字には、どんな意味が隠されているのだろう。

ＮＩＨＯＮ（６）の運命は、数字の「６」とかかわっていると思われるが、西暦の根数「６」にあたる年がその事実を物語っている。

近いところでは１９９５年（1＋9＋9＋5＝２４→2＋4＝「６」）だが、この年の新聞記事は、阪神淡路大震災とオーム真理教による毒ガスサリン事件に明け暮れた。福井県の国産増殖炉「もんじゅ」も火災事故を起こしたが、その９年前、１９８６年（1＋9＋8＋6＝２４→2＋4＝「６」）には旧ソ連のチェルノブイリで大規模な原発事故があった。「６」という数字は、災害と関連があるのかもしれない。

●阪神大震災は「五黄土星」の「6」の年

１９９５年、未曽有の大地震に見舞われた阪神地域は、それ以前に一部の学者たちにより大地震が起こる可能性が指摘されていた。長いあいだ活動のない「空白域」となっていたからである。「災害は忘れたころにやってくる」というが、それが現実となったのが１９９５年。つまり「６」の年回りである。

ロサンゼルス地震はその一年前の１９９４年、阪神大震災と同じく1月１７日に発生した。サンフランシスコ地震（１９８９）も1月１７日で不思議な暗合だ。地震とは異なるが、湾岸戦争（１９９０）の開戦も1月１７日であった。１＋１７→１８、１８は6の3倍（６＋６＋６）で、ここでも「６」が関わっている。１９１４年（6）は第一次世界大戦、１９２３年（６）は関東大震災、１９３２年（６）は上海事変、１９４１年（6）は真珠湾攻撃とともに対米英蘭開戦、１９５０年（６）は朝鮮戦争……と大事件、大災害が勃発しているのが「６」の年の特徴だ。

焼跡の水溜りで行水する罹災者たち
（『画報近代百年史 第11集（1923－1926）』より）

西暦の根数が「６」になる年は、九星はかならず「五黄土星」となる。「五黄土星」には破滅運が内在するとされており、2022年（６）も大きな困難が予想される。さて、歴史的にみると、災禍に悩む「６」の克服こそが日本の課題となってきたのであるが、

「６」の年は体力を消耗する。コロナ禍に翻弄された日本の経済状態は悪くなり景気好転の兆しも見えない。国民はさらに「忍耐」をしいられることになるかもしれない。

●西暦と「九星」の関係

日本には九つの数字に五つの惑星と七つの色を当てはめる「九星術」が伝わっているが、「九星」は太陽系の九惑星とも対応している。これをまとめると……。

太陽・・・１　(一白水星)　１
月　・・・２　(九紫火星)　２＋９＝１１
木星・・・３　(八白土星)　３＋８＝１１
天王星・・４　(七赤金星)　４＋７＝１１
水星・・・５　(六白金星)　５＋６＝１１
金星・・・６　(五黄土星)　６＋５＝１１
冥王星・・７　(四緑木星)　７＋４＝１１
土星・・・８　(三碧木星)　８＋３＝１１
火星・・・９　(二黒土星)　９＋２＝１１

九つの天体と「九星」の配置は、太陽を除き、足し算して「１１」の関係になっている。つまり、西暦紀年の根数と「九星」の年回りの合計数は常に「１１」になる。

たとえば、２０２２年（根数「６」）は、１１－６＝５で「五黄土星」の年回りとなることが、即座に計算できるというわけだ。

なお、五惑星は「五行」と対応しており、木星は「木」、火星は「火」、土星は「土」、金星は「金」、水星は「水」の属性をもつ。九星の数字も同様に分類できる。

「木」・・・３、４
「火」・・・９
「土」・・・２、５、８
「金」・・・６、７
「水」・・・１

●九月九日「重陽の節供」

平安京の頃、旧暦９月９日に当時の貴族、公家たちは神泉苑や紫宸殿の前に集い、菊の節会（せちえ）の宴を華麗に催した。菊の花や香りには邪気を祓い清める力があるという日本古来の祓いの精神と、菊を延命長寿の秘薬だとして飲み続けてきた中国の習俗などが合体した行事である。

古くから陰陽思想をもつ中国には、奇数を「陽」、偶数を「陰」とする考え方があり、陽数（奇数）の極みである「９」の重ねを最大の吉数と考えた。重陽の節供は「九九（くく）り＝括り）の節供」ともいわれ、菊（きく）や栗（くり）の音にも通じるため、民間では栗ご飯を炊いてみんなに配る風習もあった。この行事は、宮中では江戸末期頃まで続いていたが、明治に入り正式な行事から除外された。

一部の神社では今でもこの行事が行なわれているが、「締めくくり」の意味で最もめでたいとする「９」の残照は、年末恒例のベートーベンの交響曲第「９」番（合唱）の演奏会にも保存されているのではないだろうか。

●「１１」年の太陽黒点増減周期

太陽黒点の増減周期は９年から１２年、平均１１年とされている。黒点数は自然災害や景気の変動とも関連するといわれるが、極大期となった１９５７年はベトナム戦争や安保闘争などで世相は激動した。１１年後の１９６８年から１９７０年は、世界中で学生運動が頂点に達し公害問題がクローズアップされた。１９７９年はイラン革命により第２次オイルショックが、１９８９年には中国天安門事件が起こっている。サンフランシスコ大地震、伊東沖海底噴火もこの年だ。黒点数が２００となった１９９０年はイラクがクウェートに侵攻、翌年湾岸戦争が勃発した。国内はバブル景気に大いに浮かれた。

いっぽう極小期であった１９８６年には三原山が噴火、ソ連・チェルノブイリでは大規模な原発事故もあった。

同じく極小期の１９９４年は食糧である米が不足、水不足も深刻になった。ロサンゼルス大地震もこの年だが、翌年の阪神大地震を境に黒点数が徐々に増加、米国では景気が上向き財政赤字を解消した。

極大期となった２００１年の秋、２機の旅客機がニューヨークのＷＴＣビルに体当たりしたが、これ以後アメリカは軍事色を強め、イスラム圏との対立を露（あらわ）にしている。

わが国の経済は、政策もビジョンもないまま不良債券の後始末を先送りしてデフレスパイラルに陥ってしまった。以後太陽黒点は減り続ける一方、黒点がゼロというのも珍しくないが、氷河期の到来を予測する学者もいるようだ。

●狙われた米ＷＴＣとペンタゴン

世界中の金融機関が集まるニューヨークの摩天楼、マンハッタン地区でもひときわ目を引いたのが世界貿易センター（ＷＴＣ）のツインタワーであった。このビルは９３年にテロの標的となり、その８年後の２００１年、ハイジャックされた２機の旅客機の突撃により双方のビルが消滅した。死者、行方不明者は千人を超えるという大惨事である。

このテロ事件には「１１」という数字が濃厚にかかわっているが、まず、事件が起きたのは9月「１１」日で元旦から数えて２５４日目（2+5+4→１１）のことである。ハイジャックされ、最初に激突した飛行機はボストンからニューヨーク行きのアメリカン航空「１１」便で乗客は８１人、客室乗務員９人、パイロット２人の計９２人（9+2→１１）であった。最初の報道では、ハイジャックされたのは「１１」機であったが、これは誤報であった。

さらに、ターゲットとなったのはツインタワー（1+1）で、二つ目の建物に激突した飛行機はユナイテッド航空の７７（１１×７）便であった。この飛行機には、６５人（6+5→１１）が搭乗していたという。

おまけに、テロの首謀者、ラディンが潜伏するといわれるＡＦGHANＩＳＴAN（アフガニスタン）も、９３年のWＴＣテロを指揮したＲAMUＺ　VOUＳＥＦの名前も「１１」文字……。

こじつけとして片づけてもよいが、予期せぬ「偶然の一致」が、あまりにも多く存在している。

●強運の背番号「11」

プロ野球ジャイアンツに在籍した打撃王、王貞治（おう・さだはる）の背番号「1」は永久欠番だ。すでに伝説となっているが、かつて闘志むき出しの表情で登板した長嶋茂雄のライバル、「２代目・ミスタータイガース」と呼ばれたピッチャー村山実（むらやま・みのる）の背番号「１１」も欠番だ。

近年では星野仙一監督の背番号「７７」（７×１１）、南海で活躍した野村克也（のむらかつや）監督は「１９」（1+9→１０→1）、田中将大（たなかまさひろ）選手も「１９」。いずれも「1」が絡んでいるが、米・大リーグで活躍するダルビッシュ有（ゆう）選手、大谷翔平（おおたに・しょうへい）選手（日ハム）も「１１」番。

「１１」は1+1→２で、「２」の数意を併せ持つが「1」の重ねとも解釈される。「１１」は、独特の個性を発揮する強運の数字といえるだろう。

「２」（１＋１）には「くっつく」、あるいは「離れる」といった相反する数意が内在する。したがって、コントロールは難しいが、克服すれば、強烈な結果を約束する数字となるのは確実だ。つまり、生年月日や数値化した名前に「１１」とか「２２」があれば、たとえ気難しい性格の人でも、最後は自立してやっていくから心配無用となる。

相撲界をリードする立場にある「横綱」、白鵬関のネームナンバーは「１」。「１」には「孤立」運が隠されている場合もあるが、芯の強さを発揮して、一段と活躍する場面がやってくるだろう。

●１１月２２日生まれの聖徳太子

「１」と「２」、いずれも重要な数字であるが、それらを合成した「１１」や「２２」は、いずれ指導的な役割を担う運命を暗示している。

生年月日の数字を足し上げて一桁にする計算では、年、月、日がそれぞれ「１１」とか「２２」になることがあるので注意が必要だ。

「１１」とか「２２」になったときは、いきなり１＋１→２、２＋２→４とはせず、解釈の参考にしてほしい。

「日いずる処（ところ）の天子」で知られる聖徳太子（厩戸皇子＝うまやどのおうじ）の誕生日は１１月２２（１１×２）日。「１１」が３つ入っているのは偶然だろうか。命日も２月（１＋１）２２日（１１×２）と「１１」絡みだ。法隆寺など太子ゆかりの寺に現存する太子ゆかりの寺にある「十一面観音像」の数々も、「１１」という数字の重要性を伝えているとかんがえたい。

「１１」という数字は、「２＋９」「３＋８」「４＋７」「５＋６」のように分けることができるので、８＋「３」（天・人・地、三位一体）、あるいは９＋「２」（裏と表、陰陽）のように解釈されるが、「８」は太陽の光があまねく方向に放射する「八紘一宇（はっこういちう）」につながり、「９」は「金剛界曼荼羅（こうごうかいまんだら）」や「九星術占い」を連想させる。

「２」という数字は二元論、たとえば陰陽や男女、意識と無意識、また裏とか表といった概念に、また「３」は三位一体、「４」は四元とか四大（地、水、火、風）、「５」は五行（木、火、土、金、水）、「６」は六道（ろくろう）、などにかかわっている。「７」という数字は一週間を区切る数字であるが、仏事など法要の周期も７日や７年単位で、いわゆる転換期を表す数字となっていることも知っておきたい。

●わが道を進む「ホリエモン」

ＩＴ分野で活躍、近年では宇宙開発事業にも進出する「ホリエモン」こと堀江貴文（ほりえ・たかふみ）さんの生年月日は、１９７２（1）年１０（1）月２９（１１）日、と「１」並びだ。

俗称「ホリエモン」のネームナンバーも「１」だから、わが道をとことん行くタイプ。何をやっても成功するまでやめないだろう。たしかに「１」並びの数字が強運をもたらしている。

これからも、仕事を通じて人生を大いに楽しむにちがいない。

```
 6  95     1  1  3  9    →    6（NV）
HORIE   TAKAFUMI
8  9      2  2  7  4    →    5（NC）
                            ─────
                              11（NN）
```

●デジタル時代を先取りする数字「0」と「1」

新型コロナウイルス感染症の蔓延で、テレワーク、オンライン授業があたりまえになった２０２０年代は「２」の時代。つまり「ある（１）」か、「ない（０）」か、「ＹＥＳ」か「ＮＯ」か、といった「二元論」が極まる時代である。バイデン（ＢＩＤＥＮ）さんが米国大統領になったが、「ＢＩ」（バイ）はもちろん「２」を表しているから「離合集散」の気配がつよくなるのは確実である。

西暦の年号（２０２０）が、すでにデジタル社会の到来を物語っているが、インターネットを軸とした通信はもちろん、家電や交通もデジタル技術が支えている現実に目を向けたい。社会が「変化」（ＣＨＡＮＧＥ）するというよりは、すっかり「変容」（ＴＲＡＮＳＦＯＲＭＡＴＩＯＮ）してしまい、従来の生活スタイルでは適応できない時代がやって来た、ということだろうか。ＡＩ（人工知能）や新薬の開発に有望とされる「量子コンピュータ」が従来の常識を覆すかもしれない。

●暦に通底する陰陽二元論

西暦は、太陽系にある地球の公転数をキリスト生誕の年をもとに加算したもので、わが国の「皇紀」はさらに６６０年さかのぼる。古書などに記載される干支（十干十二支）にもとづく紀年表記は、奈良時代以前からあったようだ。

十二支は、殷の時代にはすでに存在していたというが、各種の動物が当てられたのは後世である。

十干のもととなる五行説は、自然界を構成する五つの要素、すなわち木、火、土、金、水の「気」をさらに二つ（兄弟＝えと）に分けている。

木ならば甲（きのえ＝木の兄）と乙（きのと＝木の弟）、火は丙（ひのえ＝火の兄）、丁（ひのと＝火の弟）というように……。

陰陽は、たとえば男と女、昼と夜、明と暗、生と死など対立する二要素で構成されるのであるが、これを「二気」として捉えると「陰気」と「陽気」に分類される。

「陰気」は暗く静的なイメージ、一方、「陽気」は明るく乾燥していて動的なイメージにつながっている。「月」（太陰）と「日」（太陽）は、陰陽の代表的なシンボルである。

東洋哲学の基本をなす「易」という文字は、「日」と「月」を上下に組み合わせてつくられている。つまり、陰陽二元を象徴するのが「易」という文字であり、陰と陽が織りなす変化を表しているのである。

●暦は「日（か）よみ」

暦（こよみ）とは、「かよみ」すなわち日（か）をよむ（数える）ことだ。日の出から日の入りまでを一日として生活するのが、お天道（てんと）様と共に生きてきた祖先の習わしであったが、太陽の観測は農耕時の必要性からであったと思われる。狩猟や漁労を生業としていた時代は、航海上の必要性から星座を観測していたにちがいない。

夜間の位置確認には北極星が重視される。北極星は銀河系の中心にあって不動であることから、これを「太極」あるいは「太一」とする発想が生まれた。北極星の下に垂線を引けば「北」の方角となる。また、北極星を軸として回転する「北斗七星」の位置を見れば、およその時刻が判別されるのである。

「碁盤」には、北極星を中心に太陽系の１年が表現されている。碁盤の目は、縦横それぞれ１９で合計３６１。中心点（太極）はともかく、さらに四季を示す四つの点を加えれば合計３６５（日）で一年の日数となる。

明け方に東の空から垂直に駆け上がるオリオンの三ツ星も、東西軸を知るのには欠かせない。航海の神様として知られる住吉大社（大阪住吉区）の社殿配置は、オリオン座の三つ星を地上に映したとの解釈もある。

●二分二至と太陽エネルギー

春分・秋分には、太陽は東から西へのラインをまっすぐ移動する。春分（秋分）の日に、太陽が英グリニッチ天文台の子午線を通過（南中）する時刻を０時（正午）とするのが現在の暦の基本だが、春分の太陽が出る地点（春分点）を中心に、観測点から南北それぞれ３０度隔たった地点が夏至あるいは冬至点となる。

この四つのポイント、すなわち「春秋の彼岸（春分・秋分と冬至・夏至＝二分二至）に代表される日の出の位置は古代から最も重視されてきた。

毎年夏至のころ、６月２４日には伊勢神宮の別宮（べっくう）「伊雑宮（いざわのみや）」で御田植祭が、また、二見興玉（ふたみこしたま）神社（伊勢市志泡町）では夏至祭が行なわれる。夏至には、「夫婦岩」（めおといわ）の真ん中から朝日を拝むことができるが、この太陽は夕方、北九州（福岡市志泡町）の「夫婦岩」の間に沈むことはあまり知られていないようだ。

夏至の夫婦岩には、はるか富士山から太陽が昇る。旅人の視線（著者示す）**にも注意されたい**（伊勢二見浦興玉神社真景図）

団扇（うちわ）や指羽（さしば）などを用いて夏至の太陽エネルギーを招き入れ、豊作を祈る行事を残す地方もある。夏至の太陽には、強力な呪術性が付与されていたのである。

夏至の対極にある冬至については、日本では新嘗祭（にいなめさい）が、西洋ではクリスマス行事が冬至正月の名残（なごり）を伝えている。冬至から夏至にかけては太陽エネルギーが高くなり、農作業で人々の動きも活発になる。一方、冬至に向けて太陽エネルギーは低くなるので人々の動きが鈍くなり、動物も冬ごもりするのが通例だ。

彼岸は仏教行事として今日に伝えられているが、仏教の教義にはもともと彼岸の概念はなかった。日本独特のもので、春分・秋分の太陽祭祀が西方浄土あるいは再生（蘇生）への願望とあいまって仏教に取り入れられたのであろう。彼岸の中日には、四天王寺西門（さいもん）の鳥居の真ん中に夕陽が沈む。往古この鳥居のあたりでは、人々が夕陽を見ながら「日想観」といわれる瞑想に耽ったそうだ。

●日の「三天」と銅鐸の謎

彼岸の中日、宮中では春季・秋季の各皇霊祭（こうれいさい）が営まれる。皇祖の神霊を祭祀する日で、神武４年２月の甲申の日に靈畤（れいし）を大和國の鳥見（とみ）の山に立てたことに始まるという。キリスト教における復活祭（イースター）も「春分」の踰越節（すぎこしせつ）から半月後の日曜日とされており、古代の太陽祭祀との関連がうかがえる。

わが国の正史に暦が（採用されたのは持統４年（６９０）の元嘉暦で、文武元年（６９７）より儀鳳暦が用いられたようだ。皇紀については、日本書紀神武紀に「辛酉年春正月庚辰朔天皇即帝位於畝原宮此歳為天皇元年」とあり、「辛酉」の年の正月に神武天皇が即位、元年と定めたことが記録されている。

なお、上古の暦については以下の記述があり、冬至と夏至、さらに春秋の彼岸の太陽観測をもとに歳月を定めたということが、おぼろげながら理解される。

我國神代伊弉諾尊測日之三天雖考春秋定歳時其詳不可得而聞（安井春海；日本長暦序）

本邦太古有三天暦其法三筒以測日三天考春秋定歳月（土御門泰邦；暦法新書）

國史日陽神左旋陰神右旋分巡國柱…國柱者即地也太陽常左旋太陰常右行會一面則朔之理可知也（同）

銅鐸は楽器といわれているが、太陽観察による位置観測にも用いられた

日の「三天」とは、春秋の彼岸および夏至と冬至に太陽が昇る地点のことであろう。日の「三天」を測定するにあたっては、謎の青銅器、銅鐸が用いられたことは確実である。銅鐸は楽器として音を出すだけでなく、太陽やいくつかの星の方角を観察して位置や時間を測定することができた。銅鐸の構造を見れば明らかであるが、中心の平面軸の両側に二つずつ穴が開いている。たとえば春分、秋分に同じ面の二つの穴を通して日の出を見れば、冬至と夏至の日の出の位置は、もう一方の穴、つまり対角線上となるのである。

銅鐸の上部は円く、航海で使う「六分儀」のようになっていて、太陽の高度から方位や現在地を確認するのにも用いられたと推測される。特殊な合金でできており、製造には高度な技術が必要とされた。

結論として、原初の日本では、春分を一年の始めとする太陽暦が用いられていたということである。中国から陰陽五行説が伝来してからは、農耕で必要となる太陽暦を併用しながらも太陰暦が主流となった。その転換期に、おそらく銅鐸が地中に埋納されたのだろう。

●東西軸と左右の概念

陰陽五行にもとづく干支の概念は、時間を扱う暦だけでなく、空間を扱う方位にも用いられる。南北を貫く線は、子(ね)と午(うま)の位置を結ぶので子午線(しごせん)と言われる。しかし、東西を結ぶ線を“卯酉線”とは言わないようだ。

大昔、わたしたち日本人の祖先が重視してきたのは東西の空間軸である。それは太陽信仰に基づいている。太陽を万物の根源として崇め、感謝するのが古来の習わしであった。したがって、左右の概念も、太陽観測に基づいている。それを「言霊」的に解釈すると……

「暗夜より、ようやく人解き放たれる朝（あした）において、自然（じねん）に頭（こうべ）は南中に向かえば、左手よりやがて太陽が昇る故をもって『ヒタリルカタ(日、足りる方)』より『ヒタルカタ』、さらに『ヒタリ』となり、今日の『ヒダリ』なる言葉が生じたると。さらに太陽が新たな姿を現し、一日が始まりたる故に『日』は新たなる生命の源、生命の根源としての『神靈』であるとして、此処より御霊を表す『靈（ひ）』なる言葉生じたりと。以上の次第によって左は『日（ひ）足り』であり陽（ひ）であり、靈（ひ）となります。

右はその逆の姿なりと。されば燃え盛る火に対して古来より水の極まりたる姿を表すと。さらに靈（ひ）を包むものを『体』である『身』で表すなれば、水の極まり『水極（みぎ)』であり、陰の月であり、体の身となります」（神祇師・片山公壽氏による）

ヒダリとミギという日本語の基本的な概念を構成する要素として、日（火）あるいは霊（ヒ）があり、その対極として水（ミ）があるということが理解されよう。

北を背にして南を向くと、太陽の出る東が左側にあることから、左が重視されていたようだ。関西では、内裏雛(だいりびな)は正面から見て右に女性がきているが、関東は武家社会であったため逆になっている。したがって、関西は女性上位の土地柄といえる。沖縄でも、東が主婦とカマドの定位置（戸座＝へザ）になっている。

なお、船の左舷はポートサイド（port side)、右舷はスターボード（star board）だが、航空機においても同様である。船も飛行機も左舷側に着岸するのが習わしだ。右舷をスターボードと呼ぶのは、右舷側で星の観測をしたからだろう。

船長室は、荷役などで騒々しい左舷側でなく、思索に適した右舷船尾にあるのが一般的だ。右舷にとる舵は「オモカジ」、左舷を「トリカジ」というが、羅針盤の北を前方とすればオモカジは卯（東）に面するから「卯面舵（ウムカジ)」、逆にトリカジは「酉舵」。つまり西へ進路をとることである。

東の語源は、「日頭」また「日向ひし」（ヒンガシ）ともいわれる。「日迎えし」方でもあろう。反対側にある西は「去（い）にし」方で、十二支では酉（トリ）の方角。「西」の字はここからきているようだ。

●日下（くさか）と日本（ひのもと）

「日下（くさか）」は「日の下（ひのもと）」すなわち「日本」と同義であるが、古代の日本では朝日の昇る方角を春日（かすが）、夕陽の沈む方角を日下（くさか）として区別した。その境界には、信貴山や生駒山があった。

日下という地名は古く、したがって日本（ヒノモト）という名称の起源も古い。「日（ひ）」はあまねく降り注ぐから、「くさ」は「かさ」と同義であろう。日（太陽）を、あまねく光をもたらす「かさ」（お天道様）にたとえたというわけだ。「クサカ」すなわち「ヒノモト」の国号は、音読みでニッポン（日本）となったのだろう。「日本」という文字には、さらに英語の読み（ジャパン）も含まれている。「日」は「ジツ」と読めるし「本」には「ポン（パン）」の音が含まれているからだ。

なお、大和（ヤマト）という旧い国号は、大和朝廷への入り口となる大和川の上流「亀の瀬」からの地形が、山門（戸）に見えたことからそのように呼ばれたらしい。

ヤマトは、奈良盆地（かつては湖）を大きな輪（和）に見立てたことから、大和と表記されたのではないだろうか。なお、山門（ヤマト）に対して水門は「ミナト」である。

ところで、明日香（あすか）にある数々の石造物や古墳の石室に使う石には、播磨（はりま）地方の竜山（たつやま）石が多く用いられた。この石は、旧大和川をさかのぼって運ばれたと推測されるが、水深が浅いため運搬には相当な労力を要したであろう。江戸時代まで物資の運搬は帆掛船（ほかけぶね）が主流であったから、風まかせの一面もあった。

大和への入り口となる「亀の瀬」のあたりには「風」の神様を祭る龍田（たつた）神社があり、運送業の元締めともなっていたのも頷ける。風の御利益（ごりやく）は小さくなかったのだ。もちろん「風」を受ける「帆布」の生産（綿織物）基盤も確立していたことであろう。

エジプトでは、ピラミッド建造の際、石を持ち上げて運搬するのに風の力を使ったという記録がある。風を受ける帆をつくるため、織物業の発達は海運業に欠かせない。ヨーロッパの大航海時代や江戸時代における我が国の廻船全盛時代は、綿布の大量生産という技術革新に支えられていたのである。

●法隆寺と「十字架」

日本最古の木造建築「法隆寺」の「法（のり）」は方形の「矩（のり）」に通じ四角形を連想させる。四という数字には四方から取り囲んで堅固にするという意味もあるが、四つの角をもつ「×」には「拒否」のイメージがつよい。十字も同様と考えられる。

法隆寺正面の「中門」は、人々に開かれた「門」であるにもかかわらず、真ん中に通し柱があって通行を妨げるように見える。「隠された十字架」（梅原猛著）によると、「十字」の形に組まれた中門には、抹殺された聖徳太子一族の怨霊を封じ込める意図が窺る（うかがえる）という。

古神道を滅ぼし、仏教を採り入れて国家の安定を意図したといわれる聖徳太子だが、実際には四天王寺において両部神道（神道と佛教を習合）を確立した。太子の血液にはシャーマン（巫女）の遺伝子が含まれていたという説もある。神懸かり、あるいは神々からの託宣によって政（まつりごと）を行なうシャーマンの復活は、当時の権力者にとって具合が悪かったのかもしれない。

ところで、古代の大坂の港・難波津（なにわづ）から法隆寺へ通じる「十三街道」の途中、山越えの部分は「十三峠」と呼ばれ、そこには「十三塚」（県重要文化財）が遺（のこ）っている。

この辺りはかつてトミ一族が支配した土地で、富雄（トミオ）、登美（トミ）、鳥見（トミ）などの地名にその名残をとどめており、「十三」という数字にも「トミ」の音を保存した可能性がある。

なお、トミ一族の長であるトミ彦は、饒速日命（ニギハヤヒノミコト）とともに日本建国の礎を築いた物部（もののべ）氏の祖神である。もちろん神道を治めていた。火明命（ホアカリノミコト）と同一とされる饒速日命は、加持祈祷で知られる東大阪市の石切劔箭（いしきりつるぎや）神社の御祭神だ。

ニギハヤヒノミコトは別名ホアカリノミコト（火明命）といわれ、丹後一ノ宮、天橋立（あまのはしだて）に位置する元伊勢籠（もといせ・この）神社の御祭神。名称は異なるが同一神である。ホアカリノミコトは天孫ニニギノミコトに連なる天皇家の祖神であるともいわれている。

日本列島には、ユーラシア（ＥＵＲＯ—ＡＳＩＡ、大八洲＝おおやしま）から時代を超えて多数の外来民族が入植してきた。だれが最初に来たか。

「先着順」「早い者勝ち」といった古来の習慣は、同族や同志が争うのを避けるための「知恵」かもしれない。「じゃんけん」や「籤引（くじびき）」も同根であろう。

●聖徳太子と「１３」の謎

「十三」という数字は仏教の虚空蔵菩薩（こくうぞうぼさつ）とも関係がある。聖徳太子（しょうとくたいし）が戦勝祈願した信貴山（しぎさん＝奈良県）の朝護孫子寺（ちょうごそんしじ）や大阪の四天王寺（してんのうじ）、京都嵐山の法輪寺などは「十三参り」の寺として知られているが、「虚空」は「虚空（そら）見つ日本（やまと）の国」に由来するので太陽信仰の名残もあろう。「四天王寺の奥の院」といわれる「六万体寺」も、四天王寺のちょうど真東に位置している。

十三の「十」は十字架、三は「三位一体」を連想させるが、いずれも仏教でなくキリスト教の象徴である。当時、大陸にはすでに景教といわれるキリスト信仰が伝わっていたというが、四天王寺を創建した聖徳太子と景教あるいは原始ユダヤ・キリスト教に接点はあったのだろうか。「１３」は西洋オカルティズムにおいて秘数とされ、キリストの「最後の晩餐」に会した人数が「１３」人であることからもタブー視されている。

とはいえ、「１３」は、栄光と滅亡に関係する数字として指導的なオカルティストたちからは特別視されてもいる。古神道における星信仰と太陽信仰、ゾロアスター教、仏教、原始キリスト教、と東西の宗教を横断する聖徳太子が、いわゆる霊能者（サイキック）であったことと無関係ではあるまい。

●４、１３、２２……

法隆寺、四天王寺と、聖徳太子は「４」の数字にこだわった。「１３」も根数は１＋３→４である。聖徳太子の命日が２月２２日で、これも２＋２→４である。亡くなった２月２２日は新暦では４月１１日、西洋ではキリストの復活祭「イースター」にあたる。イエス・キリストの復活に先立つ４０日間の苦悩の日々のことをキリスト教では「受難節（レント）」というが、「４０」という数字は、旧約聖書では苦難の期間を意味している。とはいえ、「４０」には、苦難を克服する希望も込められているのだ。

法隆寺のある奈良と難波（なにわ）を結ぶルートは、かつて物部氏が治めていた生駒・葛木（葛城）山系である。ここに“音を観（み）る”「救世（くせ）観音像」を遺した謎の人物、そして法隆寺の国宝・玉虫厨子（たまむしのずし）に納められていた最高経典「いろは歌」の秘密を握る聖徳太子の面影が重なってくる。

数学の大御所、ピタゴラスの生い立ちがキリストと似ているといわれているが、聖徳太子の背後には、ピタゴラスによって大成されたギリシャ哲学の影響も感じられる。

数字の謎は、深まるばかりだ。

●言霊と音転原理

ここで、日本語の音転原理についてふれておきたい。

日本語にはもともと文字がなかったというのが定説である。言葉は「ものを言う」ための手段として発達し、後に記録、保存するために文字が生まれたのであるが、たとえば「古事記」や「万葉集」に用いられた文字は「漢字」である。漢字は大陸のシナ（China）で発明された文字であるが、奈良時代以前から日本で話されていた「やまとことば」を記すために、この漢字を借用して独自の読み（音訓）を与えていた。つまり、当時の日本の知識人たちが、漢語に精通していたということが前提になるのであるが、それはともかく、漢字に多様な読みを与えつつも、やまとことば本来の音（訓読み（くんよ））を保存するという手法は地名でも使われている。

「富」「登美」「鳥見」「十三」などの地名について考察すると、表記は異なるがいずれも「とみ」と読ませている。しかし、「とみ」という単語はどこから来たのだろう。

物部氏の祖神でニギハヤヒとともに日本建国の礎を築いた「トミ彦」には、かならず「鳥船」伝説が附随してくるのであるが、トミは「トリ（鳥）」「トビ（飛び、鳶、鵄）」に通じることから、天体や飛行物体（天浮舟＝アメノウキフネ）にかかわっている可能性がある。

現に、富雄（奈良市中町）や十三峠あたりでは、よく光り物（ＵＦＯ）が見られるのであるが、ここでは「トミ」が「トリ」あるいは「トビ」の音転であると指摘するにとどめておきたい。「鳥」から未知の「飛行物体」にまで飛躍すれば、やり過ぎと揶揄されるだろう。

●音転する五十音

トミ、トリ、トビの語尾「ｉ」音はそのままに、子音が「m」「ｒ」「ｂ」と変化しても、トミという言葉の連続性は保たれる。それは母音（アイウエオ）の系列とモーラ（音拍）数が一致しているからである。五十音は、母音や子音の系列により相互に音が入れ換わることがある。これが音転原理だ。音転には一定の法則があるので、これを一覧表として掲載しておこう。たとえば「美」という漢字は、訓読みでは「うつくし（い）」、音読みでは「ビ」とも「ミ」とも発音する（ハ行とマ行の音転）。「夜」という字は「ヤ」「ヨ」「ヨル」と読みは「ヤ行」で音転する。「体」（タイ、テイ）、「竹」（タケ、チクなども同様（タ行の音転）だ。「サ（ザ）行」と「タ（ダ）行」（いずれも陽音）もよく入れかわる。和歌山の方言では、オ“ソ”ロシイがオ“ト”ロシイ、“ゼ”ン“ザ”イ（善哉）が“デ”ン“ダ”イに変化する。

浄厳の著書『悉曇三密抄・上巻』（1682年）の五十音図。子音を喉・牙・歯・舌・唇の五行に分類、相通性を明示している。

豪州では、「ｅｉ」の発音が「ａｉ」に変化することがよく知られている。「ケイ」子さんが「カイ」子さんと呼ばれるのには慣れていても、「ｔｏｄａｙ（きょう）」を「ｔｏ　ｄｉｅ（死ぬこと）」と聞いて慌てる英米人もいるようだ。

これとは逆に、音（呼び方）が一定でも、地名や駅名など文字表記が異なるケースも少なくない。陰陽師・安倍晴明（あべのせいめい）ゆかりの阿倍野（あべの）区（大阪市）には「近鉄百貨店阿部野店」、地下鉄（大阪メトロ）四ツ橋線には「四つ橋」駅（同中央区）がある。ローマ字表記でも、地下鉄は「ＮＡＭＢＡ」だがＪＲは「ＮＡＮＢＡ」であったりする。

日本語には、「語呂合わせ」もある。「１１９２（いいくに）」「８７３９（はなさく）」「１９１９（いくいく）」など電話番号や車のナンバープレートに書かれた数字の並びなど、いわゆる語呂合わせができるのも数字の「読み」が多様性をもっているからだ。

名前がもつ機能の一つは、個人や個体の「識別」である。人口が増えて同じ名前の人が複数いる場合など区別がつかなくなるので、音（呼び名）はそのままにして表記（文字）を変えたり、文字を保存して読み（音）を変えたりすることがおこなわれたのだ。

●音転原理によるルーツの解読

１３００年ほど前、日本は当時隣国であった朝鮮半島の百済（くだら）などから、波状的に大勢の移民（大半はハタ族）を受け入れた。中東「ヒッタイト」から大陸をへて日本列島にたどり着き、日本人の祖先となったハタ族の「ハタ」は「ワタ」と音転する。「ワタツミ（海神、綿摘み）も同根だが、ハタ（秦）族は「機（はた）織り」を得意とする人々でもあった。

漁業の神様「ヤハタ（八幡）」は武士、源氏の祖神ともいわれ武器、農具など製鉄とも関連しているが、「ヤマタノオロチ」を退治した十束の剣（とつかのつるぎ）は日本刀の祖形とかんがえられる。製鉄はハタ族とともに伝来したが、北九州に「八幡（やはた）製鉄所（当時)」があったことを覚えている人もいるだろう。「ヤマタ」は「ヤハタ」が音転したものである。

ワーグナーの楽劇「ジークフリート」には「鍛冶屋」と「大蛇」（おろち）退治の場面が登場するが、このとき舞台では「ノートン、ノートン」と大合唱がおこる。「ノートン」は「ナタ＝鉈、刀と同義」の音転と推察されるが、英雄、スサノヲノミコトとジークフリート、「オロチ」登場など、ゲルマン（北欧）神話と出雲神話にはつよい共通性が認められる。

モモチ

●暦の元祖、土御門（つちみかど）家

コンピュータの「Ｙ２Ｋ」問題に揺れた西暦２０００年を経て、２００１年（平成１３年）は新たな百年紀、千年紀の大計を立てるにふさわしい堂々たる幕開けとなった。

西暦２００１年の元日の干支は還暦の始め、甲子（きのえ・ね）でしかも九星が一白（いっぱく）。

新しいスタートにぴったりの巡り合わせとなり、偶然では片付けられない数字の不思議さを感じさせたからである。ところで、福井県名田庄（なたしょう）村、納田終（のたおい）のあたりは、「泰山府君（たいざんふくん）」の神領地として京の公家、土御門（つちみかど）家により継承されてきた土地柄だ。

土御門（本姓安倍）家は大化元年、初代の左大臣となった安倍倉梯麿（あべのくらはしまろ）を大祖として安倍仲麻呂や安倍晴明に連なる家系。「泰山府君」とは中国からやってきた陰陽道（おんみょうどう）の神である。

陰陽道は、陰陽五行の説に基づき吉凶禍福を察して災禍を避ける術で、風水や方位術とも関連する。「大宝令」では中務（なかつかさ）省の陰陽寮（おんみょうりょう）に、陰陽・天文・暦・漏刻の諸博士が置かれ、土御門家は安倍晴明から五十数代にわたり暦の元締めとなった。

当初は土御門家と加茂家が「暦」を独占したが、加茂家が断絶したあと土御門家に一本化された。もともと安倍晴明は、陰陽道を加茂忠行（ただゆき）に師事しその娘（葛子）を娶ったという経緯がある。白狐の「葛葉（くずのは）」伝説は、そこから派生したものだろう。

平安時代以降、公家のあいだで用いられた「具注暦（ぐちゅうれき）」には、日の吉凶禍福が記されており書き込みもできる。当時の人々（とくに公家）はこれを日記として使用したらしい。有名な藤原道長の「御堂関白記」もその一つだ。七曜暦は日月火水木金土の七曜を記した暦で、具注暦と併用されていた。

もともと朝廷や公卿以外に配布されることのなかった暦だが、江戸時代には下々の諸家にも行き渡る。「頒暦」は一般庶民に頒布される暦で、具注暦をまねて日の吉凶が入れられた。

明治六年に民間での暦の発行が禁止されたが、「農事便覧」や「九星早見表」などの名目で市中に出回った。このような無認可の暦は、当時「おばけ暦」とも呼ばれた。一枚ものの「柱暦（はしらごよみ）」や「引札（ひきふだ）」は、今日のカレンダーやチラシの前身ともいえよう。

代々、朝廷や幕府と直結して暦を司ってきた土御門家であるが、明治時代、陰陽寮

の廃止とともに衰退する。しかし、戦後まもなく土御門神道本庁として復興、暦も復刊している。

名田庄村の「暦会館」には、日本の古暦、渾天儀（天球儀）や漏刻（水時計）の模型など、土御門家や暦に関する資料が展示されており、暦の歴史の変遷を知ることができる。

暦会館

●安倍晴明と蘆屋道満

暦の元祖ともいえる土御門家の家系は、陰陽師（おんみょうじ）・安倍晴明（あべのせいめい）に遡るが、神戸市・旧蘆屋（あしや）村（現東灘区）にある「金鳥山（きんちょうざん）」の頂上には、晴明のライバル、蘆屋道満（あしやどうまん）の墓といわれる俗称「狐塚（きつねづか）」がある。

晴明が活躍した平安時代は、天体観察により政変の予兆をさぐり、また「風水（ふうすい）」思想に基づいて都づくりが行われるなどオカルト全盛の時代で、「平安」とは裏腹の不安と恐怖の暗澹（あんたん）たる時代でもあった。

安倍晴明と蘆屋道満の妖術比べの舞台となったのが、ここ金鳥山の辺りだが、「金鳥」あるいは「金鶏」伝承は安倍晴明の出生にかかわる「信太（しのだ）の白狐」伝説にもつながっている。

各地に残る「金鳥・金鶏」伝承をさぐると、黄金とか光り輝く金属製品などの埋蔵地点を示すものが少なくないが、「信太（しのだ）の白狐」伝説で知られる泉州（せんしゅう）・信太山（大阪府和泉市）にも「金鶏」伝承が残っていて注目される。

曰く、「黒鳥山に玉塚という濠をめぐらせた円墳があって、この円墳で正月の朝、金の鶏がなくという」「玉塚の近くに大木というところがあり、そこへ金千両を埋めた坊さんが歌を詠（よ）んだ」。「玉塚の北、自衛隊の信太山演習場北端に荒塚または黄金塚というのがあって、ここでも正月元旦に黄金の鶏がなくという」（宮本常一著『旅と伝説』第２５巻）

つまり「金鳥（鶏）」伝承が、晴明の出生地とされる信太山と蘆屋を結ぶキーワードとなるわけであるが、平安時代という時代背景を考えると、や「陰陽道」の影響を考慮しなければならない。

●易と陰陽五行説

「易」でいう「太極」が陰陽二元に分かれると、木・火・土・金・水の五行が生じる。東洋では、自然界の基本要素を「木、火、土、金、水」の五つに分類している。これが「陰陽五行説」として発展するのだが、「五行」はさらに陰陽に分かれて「十干」となる。これに木星の公転周期十二年を十二支として組み合わせたものが「天干地支（てんかんちし）」すなわち「干支（えと）」である。これを時間（暦）と空間（方位）に当てはめて未来の出来事を予知するといったことが、当時は政治の一環として行なわれていた。

さて、陰陽五行説と干支の原理にしたがうならば、「鳥（酉）」は「金」のシンボルである。五行説により「金」は「水」を生じる（金生水）ので、「酉」は火防（水剋火＝水は火を剋す）の神ともされている。したがって「金鳥」が「水」の存在を教えていると受けとめることができる。

六甲山系、金鳥山への登山路には保久良神社があり、境内の灯篭は、かつて瀬戸内海を行き交う船舶の標識にもなっていたという。「ホクラ」は「火座（ほくら）」に通じることから「火」と関連づけられる。さらに、「狐塚」における「狐」は、土色の連想で、五行説では「土」を表わすことから“火生土（火は土を生かす）”で「塚」にふさわしい組み合わせとなる。

したがって、山あい（六甲山）の起伏に富んだ「龍脈」から「水」を生じる「金鳥山」は、平安時代の風水思想に基づいて命名された地名と推察される。神戸山の手の水源ともなっているこの地は、陰陽師たちの行場（ぎょうば）としても知られていたのではないかと想像されるのである。

陰陽五行説にしたがうと、木→火→土→金→水……の順番で隣り合う関係が「相生（そうしょう）」といわれ、いわゆる相性のいい関係。これに反して、火―水―土―木―金……の関係は「相剋（そうこく）」で、一般的には対立しやすい関係といわれている。相生が1—3—5—2—4……、相剋が3—4—5—1—2…、のそれぞれ隣り合う関係ということになる。男女の相性をこの関係で判断する占い師は少なくないが、現実はかならずしも占いの結果どおりになるとは限らないので注意が必要だ。

なお、同じ数字をもつ人どうしは引き合うが、近づきすぎると反発してけんかが絶えないこともある。

●「二元論」を統合するモーツァルトの歌劇「魔笛」の筋立て

「光」と「闇」を司る「拝火教（ゾロアスター教」の神「ゾロアスター」は、「ツァラトゥストラ」「ザラストロ」とも表記される。「陰陽」「善悪」「生死」など、いわゆる「二元論」を支配する神だ。火とエネルギーを支配する「アフラ・マツダ」も同神である。

モーツァルト（１７５６－１７９１）が作曲したドイツ語オペラ「魔笛（まてき）」は、王子タミーノが冒険と試練をへて王女パミーナと結ばれる物語。この歌劇には、「火」（陽）と「水」（陰）の試練などが出てくるが、これが、やがて夜から昼へ、闇から光へ、と進む筋書きで、最初「魔王」として登場、王子に試練を課すザラストロ（ツァラトゥストラ）は、実は「聖人」にほかならなかったという結論へ導く秘教的な展開になっているのが特徴だ。

天国、つまり「光」の世界に至るには、もとより「闇」の世界を克服しなければならないが、この歌劇において「闇」を克服する場面では、「道化」の友達「パパゲーノ」がかならずお供をしてくれるという筋立てになっている。

モーツァルトは臨終の前日、「もう一度パパゲーノのアリアを聴きたい」と言ったと伝えられる。「闇」（死）の世界へ赴くにも、だれか「道連れ」を必要としたのだろう。「道連れ」となったパパゲーノこそ、光と闇の「二元論」を統合する役回りを演じる「影の主人公」といえるのではないだろうか。

ヨロズ

●地政学「風水」とは何か

中世の風水思想における「地龍」や「龍脈」は、地形を架空の動物「龍」に見立てたもので、住まいの立地条件や空間配置が一族や子孫の繁栄に影響を与えるといわれてきた。古代の朝鮮や中国、沖縄など東アジアでは、城郭の建設や都市（まち）づくりにおいて、この風水思想が重要な役割を果たしている。

東アジアにおける都市（まち）づくりは、まず地相に「龍」を探すことから始まった。龍の背中のような曲線が「風」の流れを緩やかに調整、人々の生活を快適にしてくれるからである。風がまともに吹きさらすような場所は、「気」が散って定住には適さない。古代の人々は、たとえば藤原京や平安京の位置が示すように、屏風（びょうぶ）のような山々に囲まれた、気候の穏やかな土地に都を築いたのである。

多数の人間が生きていくためには大量の「水」が必要だが、水源を見つけてそれを守り、清浄に保つことも集落の長（おさ）や権力者の義務であった。風水思想における「龍穴（りゅうけつ）」とは涸（か）れることのない水源であるが、領地の中に龍穴をもつことも地域の発展の条件である。

沖縄に遺る祖先神「アマミキヨ」降臨の聖地や城（グスク）には、必ず「御嶽（うたき）」があって水源信仰の原形をとどめている。水源（源流）は地殻の亀裂つまり割れ目であることが多いが、これが女陰信仰と結びついた例も多い。

龍脈（水脈）と、ヨーロッパの巨石遺構を結ぶ「レイライン」の関連については稿をあらためるとして、龍脈、龍穴をおさえることが、農耕はもちろん地政学的にも大きな意味をもっていることが古代から経験的に知られてきた。

龍脈の下には巨大な地下水流があり、強い上昇圧が連続的に加えられて隆起した箇所もあると想像される。その割れ目が水源となり、後に教会や神殿が建設されるのである。

●地下水脈の生体への影響

現在の常識では、地下水は、雨水や雪解け水の地表からの浸透による循環水と考えられている。しかし、たとえば高山の山頂部などで湧水が観察されるように、水の源泉が「雨水や雪解け水の浸透」だけで説明できないことは明らかである。常時、新たな水の供給がない限り、水は重力の影響を受け下部へ流出、あるいは地表内部へ浸透する。仮に粘土層や岩盤などにより一時的に貯えられたとしても、量はわずかで水圧もさほど高くないと推測される。

地下水の生成については諸説あろうが、地殻内部の圧力によって噴出する湧き水が存在することを米国やカナダ、ロシアの科学者たちが指摘（ビル・コックス他共著「環境と直観テクノロジー」、浪速社刊）している。この水の源泉は、地球内部で発生するガス（SiH_4）が酸素と結合して発生する化合物、つまり処女水（H_2O）だ。地表に向けて強い圧力で押し出される反重力的な液体である。地殻の割れ目や断層を通じて常時地表に向けて供給されるので、河川水の源泉ともなる。

この水は、アメリカの地質学者により「プライマリーウオーター（primary water）」と命名された。性状は柔らかく、ミネラルフリーの弱アルカリ性、水温がやや高いのが特徴だ。温泉も多くは同源で、岩盤の割れ目を上昇して湧出する高圧の地下水である。雨水を源泉とする地下水（循環水）は、土壌に浸透する過程で有機物に汚染され、また気象変化により増減するが、「プライマリーウオーター」にはそういった心配がない。

●古代の環境技術による処女水の探知

２１世紀は「水」の世紀といわれる。それは“水瓶座（アクエリアス）の時代”が到来するからというより、環境破壊により多くの水が汚染されるために水が戦略物資となるからである。水の汚染は、疫病の発生と流行にも関与している。

そこで、気象や汚染による影響を受けない水源、つまりプライマリーウオーター（処女水、雨水の浸透などによる循環水とは異なるマグマ由来の半重力的な水）の井戸をもつことが有用である。「風水」思想における「龍穴」、つまり水源をおさえることで一族や地域の発展も期待できよう。このような水源あるいは水脈の探知は、一般的には地質学的な電気抵抗の測定により行われる。しかし、欧米においては、振り子や占い棒を用いるダウジングの熟練者（ダウザー）に依頼することも少なくない。

ダウジングとは、「脳」が知っていても自分では気づいていない情報を能動的にキャッチする技術で、かなり古くから存在していた。トップクラスのダウザーであれば、地下における水脈の深度や位置関係など地質の状態、水圧、温度、水質などについて正確に、しかもきわめて安価にチェックすることができる。

欧米やアジアで数百もの地下水源探知（井戸掘削）で予測どおりの結果を達成してきた米国のプロ・ダウザー、ビル・コックス氏の的中率は４０年間で９５％以上という実績。施主たちから届いた感謝状や推薦状の分厚いファイルは、プロとしての実力を保証するのに十分だ。掘削方のミスが付き纏うとはいえ、プロ・ダウザーとして一度の失敗も許されることはない。仕事を継続、なお輝かしい名声を保つのは容易ではないのだ。

それはともかく、学校や病院、工場などで大量の水を必要としていて、掘削可能な場所に有力な水脈があり、さらに1～2％以内の誤差で鉛直に掘り下げられる技術があれば、初期投資はともかく、旱魃時でも大量のきれいな水がタダで確保できるのは朗報といえるだろう。

●「イヤシロチ」と「ケガレチ」

戦時中、満州の鉄工所に派遣された技術者、楢崎皐月（ならさき　こうげつ）は帰国後、農業に適した土地について研究、その形状を「イヤシロチ」と「ケガレチ」に分類した。イヤシロチは、周囲の山など地表の高い部分（隆起点）を結んだ交点に位置し、一方「ケガレチ」は低い部分（陥没地点）を結んだ交点に位置する。

「イヤシロチ」を「龍脈」に見立て地下水の動脈として捉えると、その周辺はマイナスイオンが豊富にある「癒しの地」となる。反対に「ケガレチ」とは、いわゆる「断層」に相当するもので、「気枯れ地」あるいは「穢れ地」と表現することも可能であろう。どちらが都市や住居づくりに適しているかは明白である。

「風水」は、日本においては地相や墓相、あるいは家相をみる手段として発達した。しかし、人口が増え都市への集中が進むと、理想にかなった土地や家屋を手に入れるのは容易ではない。「東南に張りがあり門は南向き、東の玄関」といった家相の手本となるような家を建てるのは至難のわざとなったのである。さらに、最近では集合住宅に住む人も増えている。

そこで、現実に直面している住まいの問題を、いかにして解決するか。たとえば、不眠やイライラがベッドの配置に起因する場合もあるが、それを改善するのが「環境テクノロジー」だ。

●気になる「家相」と環境テクノロジー

従来の「地相」や「家相」において重視されるファクターは、湿気、汚物、日当たり、通気性、目隠し（視覚遮断）、さらには鬼門や裏鬼門の存在などであろう。こういったファクターはすべて「気」の次元に還元される。からだの冷えの原因となる湿気は「陰」の気を含み、明るい太陽は「陽」の気を含む。汚物は不快な臭気を発するし、視線もまた「気になる」ものである。

そこで、気になるものをなくし、「陰陽」の「気」の調和を図ることが当面の“処方箋”となる。たとえば、湿気に対しては換気と日当たりを改善して、窓や通気をよくすればよい。天窓を設ければ日当たりもよくなるし、遮音性の面からもおすすめだ。

雨が降る度に水たまりになるような場所は、雨樋や排水で工夫すればよい。溝を掘って水はけをよくし、さらに砂利などを敷き詰めれば上出来である。

軽量鉄骨造りのビルは湿気に弱い。老朽化が進むと鉄が酸化して剥がれ、耐久性が著しく低下する。これを防ぐには、鉄骨に防錆処理を施すとともに、さらに青い（指定色）ペンキを塗ればよい。すでに完成した建物であれば、青いカーペットを敷くことで湿気が改善されることが実験で明らかになっている。色のもつ効果は、かように不思議なものである。

なお、「T字路」の正面など、見通しのよい直線的な配置には注意が必要だ。「見えない矢」（シークレットアロー）が飛んできて、事故や病気の原因になることがある。「気」の流れが停滞する「突き当たり」も居住には適さない。やむを得ずに住む場合は、正面に鏡や風車をつけるなど「気をそらす」工夫が不可欠だ。

有害な電磁波や放射線についても考慮しておく必要がある。電化製品は必ずアースするのが望ましい。高圧電線や信号機、アンテナ設備などにも注意したい。自動車については、エンジン部と運転席の間に防磁対策が施されているかどうかは、購入時のチェックポイントの一つである。

近年、避難場所に自家用車を持ち込むことが容認されつつあるようだが、アイドリングしながらヒーターやクーラーを作動するときは注意が必要だ。エンジン部から放射される電磁波が血栓や循環障害を起こす場合があるので、市販の計測器があれば、あらかじめ電磁波の強度を測定しておいたほうがよいだろう。

●がんを誘発する地震断層と地下水脈

目に見えない地震断層や地下の水脈が、建物や人体に害を及ぼすことがわかっている。断層や水脈上に立地する住居は傷みやすく地震にも弱い。また、ガンを誘発するといった調査研究もドイツなどで多数行なわれてきた。では、建物の安全や居住者の健康を守るために、どのようにして断層や水脈を探知すればよいのか。

これについては、ボーリングなどによる地質調査が有効だ。あるいは敷地全体に布やビニールシートなどを敷いておき、一昼夜のちに付着した水分により水脈の有無を調べるといった伝統的な方法もある。しかし、長期に亘って心身に影響を与える微細なエネルギー（気）の放射は、科学的な計測の網にかかることは少ない。そこで、古代の環境テクノロジー、ダウジングの出番となるのである。

ダウジングとは、振り子や木の枝などを使って、地下の水脈や遠隔地の不明者など未知の情報を探知する技術で、欧米ではよく知られている。アイルランドの職業別電話帳には「ダウザー（ダウジング技術者）」の欄が設けられているほどだが、動物の死骸をミイラ化させたり、食べ物の味を変化させたりするいわゆる「ピラミッド・パワー」も、元をたどればエジプトを旅行したフランス人のアマチュアダウザーが発見したものだ。

欧米には、脳や感覚器官を駆使して未知のエネルギーや埋蔵資源を探知するダウザーが多数いる。レーダーのなかった戦時中、敵の潜水艦の位置を探るのもダウザーの役目であった。

ダウジングは、「れっきとした科学であり、テレビの娯楽番組に供される『当てもの』の類いではない」と世界でも数少ないプロ・ダウザー、ビル・コックス氏は強調する。また「超能力（Extra Sensory Perception）ではなく、五官の拡張能力（Extended Sensory Perception）」であると言う。つまり、「感じる」ことが大切なのだ。

古代の環境技術の結晶ともいうべきダウジングは、超能力でも当て物（パーティゲーム）でもない。“水脈占い”は、大脳生理学と五官の感覚を駆使した、れっきとした科学なのである。ただし、ダウジングは、かんたんで実用的な技術であるが、ピアノやヴァイオリンなど楽器と同様、上達するには熟練が必要だ。

●「三脉（脈）法」で近未来の安全をチェック

俗に伊達（だて）騒動と呼ばれる仙台伊達家の権力闘争をモチーフに脚色したのが人形浄瑠璃（じょうるり）「伽羅先代萩（きゃらせんだいはぎ）」。源頼朝の時代の奥州（おうしゅう）（東北地方）の領主・義綱のあと幼い鶴喜代が家督を継ぐが、その乳母・政岡の忠義によりお家乗っ取りを図る刑部（ぎょうぶ）の陰謀が暴かれる。

「竹の間の段」では、典薬（てんやく）（薬剤師）が若君の脈を診るが、“死脈”の今にも危ない状態。そこで、場所を変えてあらためて脈をとらせたところ、普通の脈に戻っていた――。

実は、竹の間の天井裏に忍者が潜み、若君の命を狙っていたのだが、脈は、そのことを敏感に感じ取っていたのであろう。

人間や動物に具わったある種の感覚が、近未来に起こる危険を察知するということは昔から経験的に知られていた。東洋医学では脈診により病気を探るが、脈拍や血圧の変化を知ることで近未来の運命を予知できることを、この人形浄瑠璃は教えている。

左右の頚動脈と手首の脈を併せて「三脈（脉）」というが、これらの脈拍がそろっていれば今日明日の生命（いのち）に別条はないといわれている。古くから知られている予知術の一つで、明治期に「三脉法」として普及した。

男は左手、女は右手の親指と中指で、のどをつかむようにして頚動脈を検（しら）べ、その手首の脈をもう一方の手の指先でしらべる。身に危険が迫っているときには三つの脈がそろわず、また脈動（パルス）が弱々しい。およそ一昼夜前から異状を呈することがあるので、その場合は、寝る場所を変えるとか、前もって危険を避けなければならない。三脈がそろえば、まずは危険を回避したと考えられるので、一安心となる。

「三脉法」を考案した森田宝丹翁は、多数の死者が出た三陸海岸の大津波（過去に何度も見舞われている）を予知、丘の上に避難して奇跡的に助かった。三脉がそろうまで、丘を登っている様子が浮かんでくる。

動物には気象の変化などにより身の危険を察知、安全な場所へ移動する本能があるが、人間にも同様の能力が具わっているとかんがえられる。就寝前や旅行に出かける前など、「三脉法」を体験してみる価値がありそうだ。

テオス

●人生の好不調を予測する「運命波動」

１５世紀頃の中世ヨーロッパは、芸術や科学が花開いたルネサンスの時代。ドイツではルターによる宗教改革をへて、大作曲家、J.S.バッハが生まれた17世紀という時代は、科学においても精神が重視されるなど人文主義が台頭した。グーテンベルクが発明した活版印刷術による楽譜出版が隆盛、バッハの音楽家としての人生を大いに後押ししたことであろう。バッハの作品は難解だという人もいるが、メロディーはもちろん、楽曲構成の完成度は群れを抜いている。時代を超えて生き続ける音楽家の一人である。スタジオ録音にこだわったカナダのピアニスト、グレン・グールドのデビュー作も、バッハの「ゴルトベルク変奏曲」。従来のチェンバロでなく、表現力豊かな現代ピアノで演奏するなど新しい試みが話題になった。

ところでルターによる宗教改革当時のドイツには、一種の秘教ブームがあり、数字や文字を数値化することにより、現象の裏に隠された象徴性や意味を把握しようとする手法「ゲマトリア」（ニュメロロジー）が流行していた。その起源は古代ギリシャ文明やバビロニア文明にも遡るが、中世では多くの音楽家たちが秘密結社に入り、その教義を理解しようとした。「音楽の父」といわれるバッハも例外ではない。数字や文字にこだわるバッハの作品には、秘密結社の教典の一つといわれる「光輝の書」（ゾハル）に書かれた神秘思想の影響がつよくみとめられる。バッハは古くから存在した秘密結社「薔薇十字（ばらじゅうじ）会」の会員であったらしい。後のモーツァルトも、いわゆる「フリーメィソン」に加入していたといわれているが、オペラ「魔笛」などの作品構成には、古代ギリシャ、ピタゴラスの時代から伝わる神秘思想の影響がつよくあらわれている。ここでは、バッハを一例として「運命波動」により終末期の予測方法についてお伝えしよう。

●終末期を予測するニュートラルポイント

左右の大脳がコヒーレントな（干渉のない）状態になったとき、つまり＜100％解放された脳＞は空き領域が多く、情報処理領域がおよそ２倍ほどに広がる。このとき、通常の状態では処理し得ない情報量をもつ異次元の情報系にアクセスする可能性があるのだが、この状態を体験したときの満年齢を「1周期」とみなした波動から、人生の終末期が予測できることがわかった。

個人差はあるが、だれでも誕生時には脳が空っぽの、つまり最も「解放された」状態を通過していると推察されるが誕生後、恋愛や結婚、あるいは出産、入学や就職など、人生の重大な節目においてもこの状態を追体験するようだ。このときの年齢を原点と捉え「ニュートラルポイント」（ＮＰ）と称することにした。

人生では、最高の解放感を味わった「ニュートラルポイント」体験時の満年齢を１周期（1波長）とする波動を繰り返すことがわかってきた。つまり「運命波動」といえるものだが、この波動の転換期（節目）を危険期として、人生の終末期を予測することができることも明らかになった。原点（ＮＰ）の求め方は人によって異なるが、精神が解放されて自由になり、未来を前向きに受容して前途洋々と進んでいくような心理状態にあった時期、このときの満年齢である。

たとえば、結婚や就職がきまった年齢、遠方の大学に入学して生家を離れた年齢、子会社の社長になって家を建てた、など思い当たる節があると思うが、そのときの年齢が人生のスタート（原点）となり、これを1周期（1波長）として、その後の運命を予測することが可能になる。重大な危険期を前もって予知できれば、これに備えることもできる。人生の終末期に関心をもつシニアたちの期待にそえればよいが。

波動の起点は、最初のNP年齢となり、その倍数にあたる年齢を起点として繰り返す。各波長の節目（陰陽の転換期）にある年齢、さらにその波のピーク（頂点）とボトム（最底辺）にある年齢では、それぞれ特徴的なイベントが生じる可能性がある。

●作曲家バッハの「運命波動」

学校を出て間もなく、２３歳のバッハは、ヴァイマール公宮廷オルガニストとしての地位を得て前途洋洋となる。マリア・バルバラと結婚したのもこの年だが、波動の半周期（転換期）となる３５歳（２３＋２３/2）に妻を喪う。さらに波動のボトム（２３＋２３/2＋２３/4）にあたる４１歳ころに娘のクリスティーナ、その後に息子クリスチャン、さらに実姉のマリーを喪っている。５８歳（２３×２＋２３/2）の節目を迎える直前の５０歳代後半では、「ゴルトベルク変奏曲」や「平均律クラヴィア全集第二巻」「音楽の捧げもの」など傑作といわれる作品の数々をまとめあげて出版している。無意識に終末を予期していたのかもしれない。

ＮＰから２周期目のボトム、６４歳（２３×２＋２３/2＋２３/4）では脳卒中、白内障（後に失明）を患ってまもなく生涯を閉じた。

作曲家バッハの一生を例にとったが、このように、人生は波のような周期現象として捉えることができる。「波」には同じパターン（「潜象」と「現象」）を周期的に反復するという性質があるが、ＮＰ体験時の「満年齢の数字」を「1波長」と捉えれば、繰り返す波の「ピーク」（頂点）と「ボトム」（底）を観察することで、将来の好調期や危険期を予測することができるのである。

作曲家バッハの「運命波動」

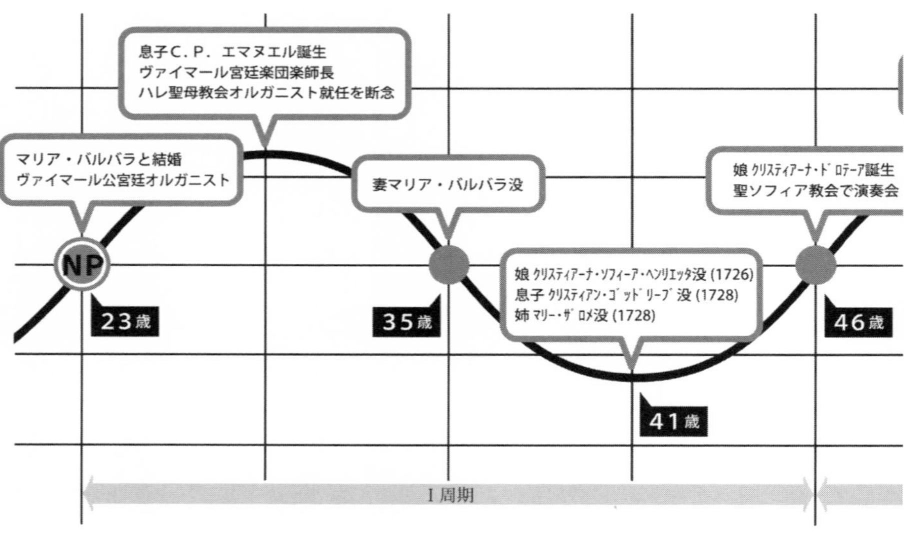

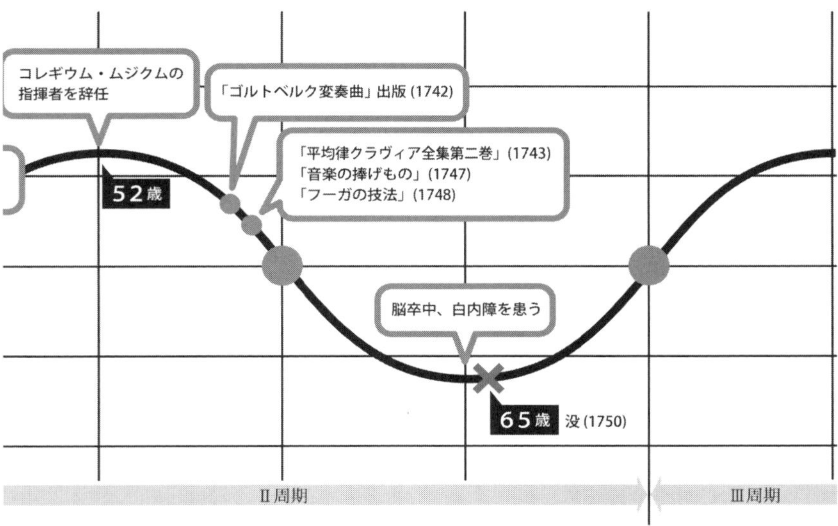
コレギウム・ムジクムの
指揮者を辞任
「ゴルトベルク変奏曲」出版 (1742)
「平均律クラヴィア全集第二巻」(1743)
「音楽の捧げもの」(1747)
「フーガの技法」(1748)
52歳
脳卒中、白内障を患う
65歳 没 (1750)
II周期
III周期

●数字にみる世界史の動向

ウマが合うとか合わないとか言われるが、人間関係のトラブルは、つきつめるとコミュニケーションの不具合から生じるようだ。国と国の関係も同様である。英米を中心とするユダヤ・キリスト教圏と、アラブを中心とするイスラム教圏の対立は、２００１年9月１１日のニューヨークWTＣビル爆破で顕在化したが、数字の組み合わせやつながりが、人間の深層意識と深くかかわり、政治や経済の動力になっている。

未来は、だれにとっても好奇心が駆り立てられる永遠のフロンティアであるが、ナンバースコープ（言霊予知術）は、国名や人名にもとづき世界史の動向についても予測できるので重宝だ。英語で表記された関係諸国のネームナンバーを算出して傾向を読み取るといった簡単なもので、まず、英語のアルファベット表記で、国名を母音と子音に分けて数値化するのだ。すでに述べたように、母音数は内面、子音数は外見、そしてその合計（ネームナンバー）は社会的な行動や態度を表している。

巨大な共産主義国家「ソ連」はすでに崩壊、“冷戦”後のロシア情勢は大きく変化したが、わかりやすくするため、事例を中東の「湾岸戦争」（１９９０）とこれに関係した国々にもとめた。この「湾岸戦争」で、イラクをとりまくイスラム諸国や多国籍軍に加わった西側諸国のネームナンバーを算出してみると……。

（アメリカ）

５　３　９　５　　　１　５　（母音数　２８→２＋８→１０→１）
ＴＨＥ　ＵＮＩＴＥＤ　ＳＴＡＴＥＳ
２８　　５　２　４　１２　２　１（子音数　２７→２＋７→９）

１＋９＝　１０　→１（ネームナンバー；ＮＮ）

たただし、ＵＳＡあるいはAMEＲＩＣＡとした場合は「５」となる。

（ロシア連邦）

９　（母音数９）
ＣＩＳ
３　１　（子音数４）

９＋４＝　１３　→４（ＮＮ）

イギリス（ＢＲＩＴＡＩＮ）　→　１（ＮＮ）
ドイツ（ＧＥＲＭＡＮＹ）　→　１１（ＮＮ）
フランス（ＦＲＡＮＣＥ）　→　１１（ＮＮ）
エジプト（ＥＧＹＰＴ）　→　１（ＮＮ）
トルコ（ＴＵＲＫＥＹ）　→　１（ＮＮ）
イスラエル（ＩＳＲＡＥＬ）　→　１（ＮＮ）

ＥＵ加盟国を含む以上の国々は、ネームナンバーが「１」もしくは「１１」となっている。アメリカとイギリスはともかく、ドイツとフランスも同じネームナンバーというのには驚いてしまう。「１」は西側かそれに近い国々といえよう。いっぽう、中東諸国は……。

イラク（ＩＲＡＱ）　→　９（ＮＮ）
レバノン（ＬＥＢＡＮＯＮ）　→　９（ＮＮ）
シリア（ＳＹＲＩＡ）　→　９（ＮＮ）
アラブ首長国連邦（ＵＡＥ）　→　９（ＮＮ）

と、「９」が多い。「９」は寛容さを示すためか中東諸国には難民、移民などが多く、多民族で構成されており国際結婚も少なくない。インドや東南アジアからの出稼ぎも相当数に上るが、宗教的戒律は厳しく、また激しい。「９」には波乱、闘争という数意もあり、この地域の性格がそれを物語っている。

西側の「１」とアラブ圏の「９」は両極端、双方の衝突は避けられないが、イスラム教圏に属し、東南アジアに位置するマレーシアとインドネシアも同じく「９」のグループだ。

マレーシア（ＭＡＬＡＹＳＩＡ）　→　９（ＮＮ）
インドネシア（ＩＮＤＯＮＥＳＩＡ）　→　９（ＮＮ）

湾岸戦争の舞台となったクウエートはどうだろう。

クウエート（ＫＵＷＡＩＴ）　→　４（ＮＮ）
リビア（ＬＩＢＹＡ）　→　４（ＮＮ）

ロシア連邦（CIS）　→　4（NN）

「4」は、議論好きで、頑固一徹な性格を示すが、西側に多い「1」との相性はよい。リビアもネームナンバーは「4」である。サウジアラビアはどうか。

サウジアラビア（SAUDI　ARABIA）→　5（NN）
スーダン（SUDAN）　→　5（NN）

イラクに好意的なスーダンのネームナンバーも「5」である。経済援助にまつわる駆け引きと民族感情は別ものだが、「5」は束縛を嫌い、自由で活発な性格を表している。ただし移り気だ。アメリカや旧ソ連を略称（USA、USSR）で呼んだ場合も、ネームナンバーが「5」となる。アジアでは、台湾（TAIWAN）が「5」のグループである。その他の中東諸国の数字はどうか。

カタール（QATAR）　→　4（NN
バーレーン（BAHRAIN）　→　8（NN）
ヨルダン（JORDAN）　→　8（NN）
イエーメン（YEMEN）　→　8（NN）

「4」と「8」は、「1」にたいして依存的な傾向を示し、お互いの収穫のために協力するパートナーとなる可能性が高い。ヨーロッパの統一をめざすEU（欧州連合）の数字は「8」。「8」は物質運の数字だが、無節操という意味もあるからか、イギリスが脱退するなど利害の衝突ははげしい。ところで、日本（JAPAN）のネームナンバーは「6」。

「6」は陰陽の調和や家族を象徴し、美を重んじる数字とされる。「6」のグループには、カナダ、ノルウエー、フィンランド、ベルギー、メキシコ、ペルー、タイ…などが属しているが、何か共通するものがあると感じる人もいるだろう。ちなみにイランのネームナンバーも「6」である。かつて、日本がイランで巨大な石化プロジェクトを手がけたのもそれほど過去のことではないが、日本人の祖先であるスメル人の原住地ということもあろうか。

カナダ（CANADA） → 6（NN）
ノルウエー（NORWAY） → 6（NN）
フィンランド（FINLAND） → 6（NN）
ベルギー（BELGIUM） → 6（NN）
メキシコ（MEXICO） → 6（NN）
ペルー（PERU） → 6（NN）
タイ（THAILAND） → 6（NN）
イラン（IRAN） → 6（NN）
ロシア（RUSSIA） → 6（NN）

ソ連は分裂してＣＩＳと名を変えた。ＣＩＳのネームナンバーは「４」で挫折運をもつが、主導するロシア（ＲＵＳＳＩＡ）のネームナンバーは日本と同じ「６」。

北方領土の返還は持ち越されたが、同じ数字をもつ日本とは引き合ういっぽう、近づけば反発することもある。北海道とロシア側沿海州、未返還の四島を含む地域間の交流はこんごも進展することが予想されるが、「６」の影響は「日ロ」共同体の版図を北海道から東北地方、さらに樺太まで押し広げるだろう。

天然ガスのパイプライン建設、カムチャッカの豊富な漁業資源をめぐって、日ロいずれかの勢力が強くなることは確実である。

ここで、「６」には「８」の扉をたたく性質があることにもふれておきたい。

近隣の中国のネームナンバーはどうか。

中国（CHINA） → 8（NN）

「Made in China」は「中国製」だが、China を「People's Republic of China」（中華人民共和国、ＰＲＣ）とする表記もみられる。この場合、国のネームナンバーは「６」で、日本と同じ数字になるが、少数民族（地域）の行く末を占っていただきたい。

56 5 5 3 9 6 9 1 → 4（NV）
PEOPLE'S REPUBLIC OF CHINA
7 73 1 9 7 23 3 7 38 5 → 11（NC）

4＋11 → 6（NN）

中国はＥＣと同じく「８」という数字だが、「８」は「１」(アメリカ）や「６」(日本やロシア）と接触しやすい関係にある。したがって、長期的にはライバルとなる可能性がつよい。日本は、中国や欧州への市場進出では、アメリカとの駆け引きがポイントになりそうだが、いっぽう北朝鮮との関係にも注意を向けなければならない。

北朝鮮（NORTH　KOREA)　→　８（NN)

北朝鮮も中国と同じくネームナンバーは「８」である。お隣どうしで共産主義。つながっているとみるのは当然だろう。核をちらつかせる北朝鮮に対しアメリカ（１）が介入するのは、すでに核クラブのメンバーとなっている中国やロシアを含め、極東の脅威が増大するからである。日米同盟の足かせにより、アジア方面における日本の外交が制限される一方、民間レベルでは交流が促進しており、拉致問題に隠れて各種の支援事業が、新たな利権獲得に向けて活発に動きだすことも予想される。

日本の姿勢は玉虫色で弱腰外交を装っているが、これを大局的な戦略と考えることもできるだろう。

お隣、韓国との関係はどうか。

韓国（SOUTH　KOREA)　→　７（NN)

「７」(韓国）と「８」(北朝鮮）は、地理的にも、数理的にも隣り合う関係である。同じ民族が分断されたのだから当然ともいえるが、相性はわるくない。陰陽五行説でも「土」(８）と「金」(７）で「相生」の関係となるので、市場化に向けて、いずれは統一されるはずである。

●「１」と「９」の対立が生む世界の混沌

英米やイスラエルを中心とするユダヤ・キリスト教圏の数字は「１」に代表される。一方、イラクやインドネシアなどイスラム圏は「９」という数字に代表されよう。

「１」と「９」という両極端の数字は、烈しくぶつかり合って妥協を許さない。２００１年９月１１日に起こったニューヨークのテロ事件、いわゆる「９・１１」は、その事実をよく物語っている。９・１１の報復としてアメリカは、テロ集団「アル・カーイダ」の本拠地、アフガニスタンを攻撃して新政府を樹立した。

```
1     1 9  1           3
AFGHANISTAN      →  ―    →  1（NN）
  678  5  12  5         7
```

アフガニスタンのネームナンバーは「1」で、アメリカと同じ。いずれは同化する運命にあったのだろうが、２０２１年米軍が撤退をきめるや否やイスラム勢力「タリバン」が政権を奪った。かつては三蔵法師（さんぞうほうし）も訪れた仏教の聖地。山紫水明の山岳国家の平和を祈りたい。

戦後に樹立されたユダヤ人国家イスラエルも「1」である。日本の籠目紋が、ユダヤ人のダビデ紋と似ているので「日ユ同祖論」と結びつける人がいるが、いわゆるユダヤ人とは、今日ではユダヤ教徒のことであって、聖地エルサレムを追われたユダヤ人と必ずしも同じではない。

ボルガ河沿岸の騎馬民族国家、カ（ハ）ザール帝国は１６世紀に滅亡した。このとき、キリスト教かユダヤ教かのいずれかを選択することを迫られたが、彼らはユダヤ教徒として生きる道を選んだ。そればかりか、ヘブライ語を学び、律法トーラー（いわゆるモーゼ五書。旧約聖書の創世記から「列王紀略・下」までを指す）を生活の規範とするなど、本来のユダヤ人以上にユダヤ人らしくふるまうようになった歴史をもつ。

彼らは世界に散らばったが、同族のつながりは強く、しだいに勢力を伸ばした。現在ユダヤ人と呼ばれている人たちの多くはカザール系（アシュケナージ）の白人といわれている。したがって、表向きの「日ユ同祖論」に振り回されるとどうなるか。彼らはこれを口実として日本人の歴史を欺き、日本を乗っ取ってしまうかもしれない。

「1」はナンバーワンを指向する。語学、経済学、物理学、音楽などの世界で、ユダヤ人（ＪＥＷ）は世界一になった。「1」の背後には、ユダヤの影が見え隠れするのである。

```
  5      →  5
J EW
1  5     →  6
─────────────
   5+6  →  11（NN）
```

「民主主義国家」の象徴ともいえるアメリカの凋落が「覇権主義国家」中国の台頭とともに際立つようになった。香港、チベット、モンゴルなどでは人権問題が報道されているが、多数の少数民族を抱える中国は、「一地域」となっている「台湾」を併合、一元的な統一国家をめざしている。ヨーロッパやアジア、アフリカへの経済覇権をつよめる中国のこんごはどうなるのか。

6　　6　　→　3（NV）
HONG　KONG
8　57　2　57　→　7（NC）

3＋7　→　1（NN）

9　5　→　5（NV）
TIBET
2　2　2　→　6（NC）

5＋6　→　11（NN）

19　1　→　11
TAIWAN
2　5　5　→　3

11　＋　3　→　5（NN）

香港、チベット、台湾、タリバンが政権を握ったアフガニスタン、いずれも「1」と「11」が絡んでいることに注目したい。概して「キリスト教圏」、親米に見える。しかし「11」は独立志向とともに、「2」の数意を併せ持つので、軍事的、経済的には覇権国家の影響もあるから、将来的には「従属」も視野に入りそうだ。

●だれでも生きられる国、ニッポン

通信衛星を多用するIT（情報技術）時代には国境が見えにくい。国際化社会は、地球規模でボーダーレス（無境界、統一）を指向する。情報は時差を超えて飛び交い、人々は国境を超えて移動する。このような時代には、国家のアイデンティティを明確にするのは難しい。大部分が移民で構成される多民族国家においてはなおさらで、9・11以後のアメリカは、星条旗を多用して求心性の拠り所とした。しかし、それが必ずしも成功したわけではない。

さて、時代の変遷を経て、最後まで存続する国家はあるのか。大昔から太陽（アマテラス）を生命の根源として仰ぐ最古の独立国、日本にはいわゆる弥生時代から大量の難民が波状的に渡来した。その後も多数の外来人を受け容れた。つまり各種の部族や民族の集合体として統一を保ってきたのが日本だ。単一民族といわれているが、実体は多民族国家である。

穏やかな気候と四季それぞれの景観に恵まれた島国、日本では、多様な出自をもった人々が、“袖を擦りあう”程度の衝突を乗り越えて、個性を発揮しながらたくましく生きている姿が身近に観察できる。この姿を拡大すれば、大きな輪（0）の中に九つの数字が見えてくる。これが「言霊の幸（さきは）ふ国」、日本の正体である。

九つの数字が和（0）をもって十（むす）ばれるならば、「1」と「9」の対立も相対化して解消される。つまり、言霊とは、言語を究めることで発現する平和エネルギーともいえるのだ。このエネルギーを利用するコツは、数の理（ことわり）に精通することである。

おわりに

「言霊」あるいは「事霊」という文字が記録として登場するのは「志貴島(しきしま)のやまとの國は事霊のたすくる國そまさきくあれよく」(山上憶良(やまのうえおくら))と歌われる「万葉集」が初め。「ことたま」とは「言事に霊験あるをいふ」(倭訓栞(わくんのしおり))。

たしかにふと口にしたことが実際に起こってしまう、といった事例は少なくない。古くからわが国に伝承されている「言霊」とは、一般的には、文字や音声が現象に与える隠れたはたらきであると解釈されよう。しかし、日本語で用いる文字の多様性、さらには読みの多様性について深く追求していくうちに、「言霊」とは、文字に隠された「音」あるいは「意」(こころ)ではないかということに思い至った。つまり文字を正しく読むことによって、あるいは先代から伝えられたとおりに発音することによって発現するエネルギーが「言霊」である。 原始の日本民族の姿を記す古事記や万葉集で使用された漢字には、日本語(やまとことば)の「音」(訓(くん)よみ)が当てられ漢字本来の意味を超えて漢音と区別している。この事実は日本人が漢語に精通していたことを示すと同時に、「やまとことば」の語彙(ごい)や表現内容を拡張するという役割を担った。漢字をもとに、実用的な国字(こくじ)を創作したというのも言語能力拡張の成果であろう。

奈良時代、漢字や国字、さらには仮名や神代文字など多様な文字を使い、しかも多様な読みを与えた理由は、同朋を含む帰化人の増加など、急激な人口増加に対応、個人の識別のため多数の名称を必要としたからではないか。

「表記」は異なっても「読み」は同じという例は今日でも少なくない。読みは同じでも、文字によって相手を識別することができるからだ。

地名も同様で、あえて読みにくい文字を当てて表記した場合もあるだろう。他所(よそ)ものには読めないはずだから、それを見分けるためである。ただ表記が変わっても、その地域にあった本来の読みが保存されていれば、その読みをたどれば歴史をさかのぼることもできよう。

文字を改変するのはたやすいが、「音」による伝承はかんたんに消すことができない。わが国で伝統的に行われてきた一子相伝(口伝(くでん))は、文字で記録されたものよりもはるかに正確でリアリティがあることが知られていた。文字記録は改ざんされたり、燃やされたりもすることも少なくなかったからだろう。

さて、一部の外国人のあいだで盛んにおこなわれている数字占い(ニュメロロジー)

と、日本古来の音韻原理、つまり「言霊」として伝承されているものとの共通性に興味をもち要点をまとめたのがこの本である。日本語の起源の探求ということがテーマとなるべきであったが、結果として「占い」の本になった。

本書で紹介した「ナンバースコープ」は、古代ギリシャ以前から存在していた姓名判断術「ゲマトリア」と、日本古来の「九星術」をベースとして整合し、コンピュータプログラムにより多数のデータを統計的に検証した結果できあがったものである。この本を書く過程で、わたしは日本語と他の外国語に共通する要素を多数発見した。音標文字である日本語五十音は、英語アルファベットを用いたローマ字でもかんたんに表記することができる。また日本語は、ギリシャ語やサンスクリット語、英語、その他の言語と多くの共通音をもっており、もちろん、数字に象徴されるイメージにも世界的な共通性がある。太陽暦としての西暦、日本語の音韻に忠実なヘボン式ローマ字などをベースとする「言霊予知術」（ナンバースコープ）が“当たる”理由は、言語の一元性に由来する可能性もある。 言語の音韻研究により、古代オリエントにおける日本人の祖先（スメル人）の輝かしい歴史が明らかになり、さらに西洋人の隠された深層心理がナンバースコープによって明らかになれば、もはや日本が外交問題で苦しむことはなくなるだろう。国家間の利権争いによって画策された現在の国境という概念が希薄であった先史時代、わたしたちの祖先はいくつもの海を渡り、あるいは大陸を縦断した。各国の言語に保存された「音」のルーツをたどれば、民族や部族の移動を時間的、空間的に追うことが可能であり、これを実行することで、人種や外見を超越する「日本人」の資質が自ずと明らかになるであろう。

なお本書は、「言霊予知術」（１９９２）「新版・言霊予知術」（１９９６）を大幅に改稿、定本としたものである。発行にあたり故井村宏次氏、故百々達郎氏、松順造氏、故栗本栄春氏、片山公壽氏ほか多数の方々から助言やご指導をいただいた。また浪速社の杉田宗詞氏には取次などいろいろとご足労をおかけした。紙面を借りてお礼を申し上げます。

言霊予知術宗家
難波双六（なんば　すごろく）

定本・言霊予知術【新装改訂版】 ～「ことだま占い」が未来をひらく～
難波双六 著
発行　図書出版浪速社

定本・言霊予知術（Kotodama Yochijutsu）
©2021Namba Sugoroku
JAPANESE NUMEROLOGY, Revised and fixed Edition written by Namba Sugoroku published by THE NEUTRAL POINT;
3-6-16 Nagai-Higashi, Sumiyoshiku, Osaka 558-0004, Japan
Phone:（81）6-6624-0559　Fax（81）6-6624-5061
Email：neutral@ladies.jp

First Edition October 1992
Revised Edition February 1996
Printed and published in Japan.

■著者プロフィール

難波 双六（なんば すごろく）

言霊予知術宗家。日本ニュートラルポイント研究所代表。
1988年マレーシアを旅行中、西洋数占い（ニュメロロジー）と出会い、そのルーツが日本の「九星術」に由来することを知った。まもなく音や文字など言語、現象に通底する数字の神秘を「言霊予知術」に体系化、1992年コンピュータプログラム「ナンバースコープ」を開発した。
2017年、高齢社会のニーズに応え「NP 運命波動術」を考案、本書にも紹介している。
著書に『ニュートラルポイントの秘密』『言霊予知術』『定本・言霊予知術』『直観と環境テクノロジー』『未知の彼方へ～神秘の UFO 写真集』など。関西日本サイ科学会会長。

URL：ladies.jp/maho（暮らし魔法館）
E メール：neutral@ladies.jp

定本・言霊予知術 新装改訂版
―「ことだま占い」が未来をひらく―

発　行　令和３年11月１日　新装改訂版 初版第一刷発行
著　者　難波双六
発行者　杉田宗詞
発行所　図書出版 浪速社
〒540-0037 大阪市中央区内平野町2-2-7-502
TEL 06(6942)5032　FAX 06(6943)1346
振替 00940-7-28045
印刷・製本　亜細亜印刷㈱

ISBN978-4-88854-541-9